WILLI EHRLICH

ILMENAU GABELBACH STÜTZERBACH

Die Goethe-Gedenkstätten und der Wanderweg ›Auf Goethes Spuren‹

NATIONALE FORSCHUNGS- UND GEDENKSTÄTTEN DER KLASSISCHEN DEUTSCHEN LITERATUR IN WEIMAR

Inhalt

Goethe und Ilmenau

Johann Wolfgang Goethe lebte von 1775 bis zu seinem Tode 1832 in Weimar. Oft und gern war er im Thüringer Wald, vor allem in dem als Enklave des Herzogtums Sachsen-Weimar-Eisenach am Nordabhang des Thüringer Waldes zu beiden Seiten der Ilm gelegenen Amt Ilmenau. Die Stadt und die zugehörigen Dörfer, die Wälder und Wiesen, Berge und Täler, Felsen, Gründe, Quellen und Bäche haben Goethe von der ersten Begegnung an in ihren Bann gezogen. Nach Ilmenau führte ihn sein erster, noch halbamtlicher Dienstauftrag, als am 3. Mai 1776 die Nachricht von einem großen Stadtbrande nach Weimar gekommen war. In Ilmenau feierte er gemeinsam mit seinen Enkeln Wolfgang und Walther 1831 seinen letzten, den 82. Geburtstag. Achtundzwanzigmal, insgesamt 220 Tage, ist Goethe in Ilmenau und im Ilmenauer Raum gewesen.

Freude und Begeisterung über die Schönheit der Landschaft sprechen aus dem Brief, den Goethe am 4. Mai 1776 aus Ilmenau an den Weimarer Herzog Karl August geschrieben hat: ». . . die Gegend ist herrlich, herrlich!« Und »Herrlich! Herrlich!« hat nach der Schilderung seines Begleiters, des Rentamtmanns Johann Christoph Mahr, der zweiundachtzigjährige Goethe ausgerufen, als er am 27. August 1831 zum letzten Male vom Gipfel des Kickelhahns den Thüringer Wald überschaute. Goethe gibt eigenen Gefühlen und Gedanken auf seinen Wanderungen und Streifzügen durch die Wälder des Amtes Ilmenau Ausdruck, wenn er von Wilhelm Meister, dem Titelhelden seines großen Entwicklungsromans, schreibt: »Er durchstrich langsam Täler und Berge mit der Empfindung des größten Vergnügens. Überhängende Felsen, rauschende Wasserbäche, bewachsene Wände, tiefe Gründe sah er hier zum ersten Mal, und doch hatten seine frühesten Jugendträume schon in solchen Gegenden geschwebt. Er fühlte sich bei diesem Anblick wieder verjüngt; alle erduldeten Schmerzen waren aus seiner Seele weggewaschen, und mit völliger Heiterkeit sagte er sich Stellen aus verschiedenen Gedichten . . . vor, die an einsamen Plätzen scharenweise seinem Gedächtnis zuflossen. Auch erinnerte er sich mancher Stellen aus seinen eigenen Werken, die er mit besonderer Zufriedenheit rezitierte. Er belebte die Welt, die vor ihm lag, mit allen Gestalten der Vergangenheit, und jeder Schritt in die Zukunft war ihm voll Ahnung wichtiger Handlungen und merkwürdiger Begebenheiten.«

Goethes Briefe an seine Freunde und die Gespräche mit ihnen lassen die Bedeutung erkennen, die er selbst der Begegnung mit der Landschaft und den Menschen in und um Ilmenau für seine Entwicklung, sein dichterisches Schaffen, seine naturwissenschaftlichen Studien und die Herausbildung seiner Weltanschauung zugemessen hat. An Johann Gottfried Herder schrieb er am 9. August 1776: ». . . wir sind in Ilmenau. Seit drei Wochen wohnen wir auf dem Thüringer Wald, und ich führe mein Leben in Klüften, Höhlen, Wäldern, in Teichen, unter Wasserfällen, bei den Unterirdischen und weide mich aus in Gottes Welt.« Neunzehn Jahre später, am 29. August 1795, heißt es in einem Brief, den er aus Ilmenau an Friedrich Schiller richtete: »Ich war immer gerne hier und bin es noch . . .« Und am 16. März 1824 äußerte der vierundsiebzigjährige Goethe im Gespräch mit Kanzler von Müller: »Ilmenau hat mir viel Zeit, Mühe und Geld gekostet, dafür habe ich aber auch etwas dabei gelernt und mir eine Anschauung der Natur erworben, die ich um keinen Preis vertauschen möchte.«

In Ilmenau und im Ilmenauer Raum wurde Goethe aber nicht nur die Natur zu einem nachhaltigen Erlebnis, das in der unterschiedlichsten Weise in seine Werke Eingang gefunden hat. Hier erhielt er nicht nur die Anregungen zu seinen naturwissenschaftlichen Studien, sondern hier lernte er vor allem die einfachen Menschen, das »arme Volk«, kennen und schätzen. Bergleute, Leineweber, Tagelöhner, die Bergbauern, die unter unsäglichen Mühen die Felder bestellten, Köhler und Waldarbeiter, die Arbeiter der Glashütten und der Porzellanmanufaktur, Handwerker aller Art wurden ihm hier zu Gesprächspartnern und im Verlauf der Gespräche vertraut und achtbar. Ein am 11. November 1785 aus Ilmenau an Charlotte von Stein gerichteter Brief belegt das deutlich: »Ich habe noch eine köstliche Szene gehabt, die ich wünschte Dir wiedergeben zu können. Ich ließ einen Buchbinder rufen, um mir das Buch Wilhelms in meiner Gegenwart zu heften. Er erinnerte eine Bitte, die er bei der Steuerkommission angebracht, und unter der Arbeit erzählte er mir seine Geschichte und sprach über sein Leben. Jedes Wort, das er sagte, war so schwer wie Gold, und ich verweise Dich auf ein Dutzend Lavaterische Pleonasmen, um Dir die Ehrfurcht auszudrücken, die ich für den Menschen empfand.«

Wie genau Goethe die Not der einfachen Menschen des Ilmenauer Raumes kannte, verrät auch sein Gedicht ›Ilmenau‹, das er Karl August 1783 zum 26. Geburtstag darbrachte:

Laßt mich vergessen, daß auch hier die Welt
So manch Geschöpf in Erdefesseln hält,
Der Landmann leichtem Sand den Samen anvertraut
Und seinen Kohl dem frechen Wilde baut,
Der Knappe karges Brot in Klüften sucht,
Der Köhler zittert, wenn der Jäger flucht.

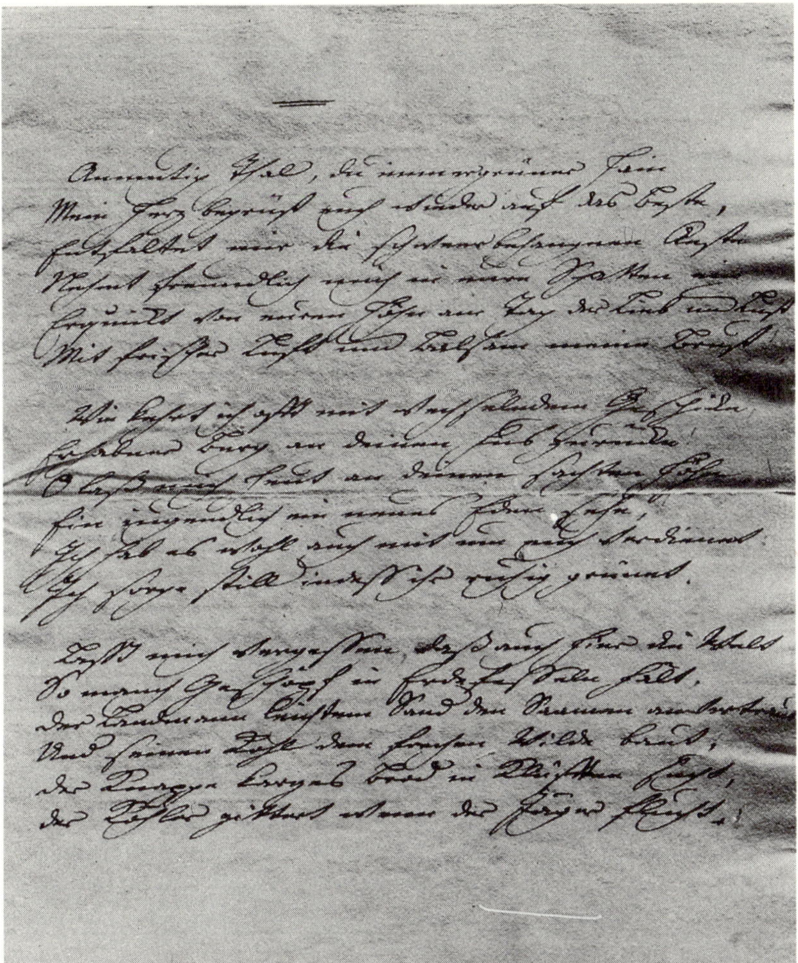

Anmutig Tal, du immergrüner Hain
Mein Herz begrüßt euch wieder auf das beste,
Entfaltet mir die schwerbehangnen Äste
Nehmt freundlich mich in eure Schatten ein
Erquickt von euren Höhen am Tag der Lieb und Lust
Mit frischer Luft und Balsam meine Brust.

Wie kehrt ich oft mit wechselndem Geschicke
Erhabner Berg an deinen Fuß zurücke!
O laß mich heut an deinen sachten Höhen
Ein jugendlich ein neues Eden sehn,
Ich hab es wohl auch mit um euch verdienet
Ich sorge still indeß ihr ruhig grünet.

Laßt mich vergessen, daß auch hier die Welt
So manch Geschöpf in Erdefesseln hält.
Der Landmann leichtem Sand den Samen anvertraut
Und seinen Kohl dem frechen Wilde baut,
Der Knappe karges Brot in Klüften sucht,
Der Köhler zittert wenn der Jäger flucht.

Ilmenau-Gedicht, erste Seite, Handschrift Goethes, 1783

Für »festes ird'sches Glück«

Aus der unmittelbaren Anschauung des Lebens der Bewohner des Amtes Ilmenau und aus ungezählten Begegnungen mit ihnen in den Tiefen der Bergwerke, in der Einsamkeit der Wälder, in den Glashütten, auf den Feldern und in den ärmlichen Wohnungen reiften Goethes sozialkritische Gedanken, wie sie aus dem am 17. April 1782 in Ilmenau geschriebenen Brief an Knebel sprechen: »So steig ich durch alle Stände aufwärts, sehe den Bauersmann der Erde das Notdürftige abfordern, das doch auch ein behäglich Auskommen wäre, wenn er nur für sich schwitzte. Du weißt aber, wenn die Blattläuse auf den Rosenzweigen sitzen und sich hübsch dick und grün gesogen haben, dann kommen die Ameisen und saugen ihnen den filtrierten Saft aus den Leibern. Und so geht's weiter, und wir haben's so weit gebracht, daß oben immer in einem Tage mehr verzehrt wird, als unten in einem beigebracht werden kann.«

Ilmenau, Stützerbach, Gabelbach und der weite Ilmenauer Raum waren also nicht nur der Schauplatz der Jagden und des frohen oder gar tollen Treibens der jungen Weimarer Hofgesellschaft, in deren Mitte Goethe hierher kam. Hier finden sich nicht nur die Stätten seiner Naturbegeisterung und der Schwärmerei für Charlotte von Stein, denen wir so schöne Zeichnungen wie ›Dampfende Täler‹, ›Stützerbacher Grund‹ und andere verdanken. Hier entstanden nicht nur Gedichte wie ›Rastlose Liebe‹, ›Wandrers Nachtlied‹, ›Dem Schicksal‹, ›Ilmenau‹, das seiner Frau Christiane gewidmete ›Gefunden‹, Teile des ›Wilhelm Meister‹ und der ›Iphigenie‹. Ilmenau, Stützerbach und Gabelbach begrenzen vielmehr den Raum, in dem Goethe seine Tatkraft, seine Energie, seinen unermüdlichen Fleiß als Politiker und Staatsmann erprobte, in dem er alle Anstrengungen unternahm, den einfachen Menschen »festes ird'sches Glück« zu schaffen. Ilmenau und der Ilmenauer Raum müssen deshalb als eines der großen Bewährungsfelder der politischen Tätigkeit Goethes betrachtet werden.

In dem Gedicht ›Ilmenau‹ hat Goethe seinen sozial-reformerischen Absichten und Hoffnungen Ausdruck verliehen. Neben der Schilderung der Schönheit der Landschaft und des frohen Jagdlebens der ersten Weimarer Jahre stehen die Forderung an den Herzog, sich seiner Pflichten bewußt zu werden, und die Beschreibung eines glücklichen Landesteils, den es zu schaffen galt:

> Ich sehe hier, wie man nach langer Reise
> Im Vaterland sich wiederkennt,
> Ein ruhig Volk in stillem Fleiße

Benutzen, was Natur an Gaben ihm gegönnt.
Der Faden eilet von dem Rocken
Des Webers raschem Stuhle zu;
Und Seil und Kübel wird in längrer Ruh
Nicht am verbrochnen Schachte stocken;
Es wird der Trug entdeckt, die Ordnung kehrt zurück,
Es folgt Gedeihn und festes ird'sches Glück.

Für »Gedeihn und festes ird'sches Glück« im Amt Ilmenau hat sich Goethe mehr als zwei Jahrzehnte unter Verzicht auf eigene Interessen und Neigungen gemüht, gesorgt und, so darf man zu Recht sagen, geplagt. Der Mutter in Frankfurt, der Freunde berichtet hatten, daß Goethe seine Kraft unsinnigerweise in Amtsgeschäften vergeude, schrieb er: »Merck und mehrere beurteilen meinen Zustand ganz falsch; sie sehen das nur, was ich aufopfre, und nicht, was ich gewinne, und sie können nicht begreifen, daß ich täglich reicher werde, indem ich täglich so viel hingebe.«

Kampf gegen Korruption und Betrug

Als Mitglied des Geheimen Consiliums wurde Goethe am 14. Januar 1777 zum ersten Mal mit den völlig verworrenen und verwahrlosten Finanz- und Steuerverhältnissen der Stadt und des Amtes Ilmenau bekannt, die eine drückende, unerträgliche Last für die Bevölkerung waren. Die Folgen der Kriege, Korruption, Betrug, Unterschlagung, verdeckter und offener Diebstahl hatten die Stadt bis an den Rand des Ruins gebracht. Goethe verschaffte sich ein ungeschminktes Bild der wirklichen Zustände in Ilmenau: »Ein wundersamer, durch verwickelte Schicksale nicht ohne seine Schuld verarmter Mann hielt sich durch meine Unterstützung in Ilmenau unter fremdem Namen auf. Er war mir sehr nützlich, da er mir in Bergwerks- und Steuersachen durch unmittelbare Anschauung, als gewandter, obgleich hypochondrischer Geschäftsmann, mehreres überlieferte, was ich selbst nicht hätte bis auf den Grad einsehen und mir zu eigen machen können.« In der Tat geben die Berichte jenes Mannes, der sich Johann Friedrich Krafft nannte, ein anschauliches Bild über das Ausmaß der Mißwirtschaft in Ilmenau: »Ein jeder, der hier einen Griff, amtswegen, in die Kasse tun können, hat es zu seinem Besten treulich getan. Da dies fast von jedem geschehen ist, so hat auch einer immer dem anderen nachgesehen und durchgeholfen.« Über die zahlreichen Kommissionen, die zur Untersuchung und zur Veränderung der Lage von

Weimar nach Ilmenau geschickt wurden, spottete er, daß sie »alles auf die lange Bank schieben . . ., ihre Diäten ziehen, gut essen und trinken, nach Bequemlichkeit und Faulheit arbeiten, sich um den Schaden Josephs wenig kümmern, wenn sie nur ihre Besoldung genießen«. Der Bericht Kraffts schließt mit den Worten: »Hier ist freilich mehr Arbeit als des Augias Stall ausmisten.«

Goethe, durch Kraffts Berichte, Studium der Akten, eigene Erkundigungen und persönliche Gespräche über alle Vorgänge unterrichtet, übernahm es, die längst notwendige Ordnung zu schaffen. Zur radikalen Änderung der Arbeit der in Ilmenau tätigen Kommission arbeitete er selbst die Instruktionen aus und ordnete gründlichere Revisionen an. Ein neuer herzoglicher Amtmann wurde eingesetzt und schließlich der nachlässige und betrügerische Steuereinnehmer Gruner, der Steuerrückstände in Höhe von 11000 Talern verschuldet und 5000 Taler unterschlagen hatte, verhaftet und bestraft. Einer Steuerkommission unter Goethes Leitung fiel die schwierige Aufgabe zu, das Ilmenauer Steuerwesen neu zu regeln. Noch vierzig Jahre später, 1824, erinnerte Goethe im Gespräch mit Kanzler von Müller an die damaligen Auseinandersetzungen: »Den Ilmenauer Steuer-Kassier Gruner brachte ich ins Zuchthaus, weil ich im Conseil seinen Proper-Rest von 4000 Talern . . . schonungslos aufdeckte, trotzdem daß der Minister Fritsch und Hetzer, Eckart usw. ihn protegierten.«

Die das Ilmenauer Steuerwesen betreffenden Akten im Weimarer Staatsarchiv enthalten viele Beispiele, wie Goethe immer wieder selbst eingriff, forderte und förderte und daß ihn die Sorge um die wirtschaftliche wie finanzielle Gesundung des Amtes Ilmenau und die Regelung der Steuerverhältnisse nicht losgelassen hat. Nach fast zwei Jahrzehnten erst, 1796, konnte die Arbeit der Kommission abgeschlossen werden. Goethe gehörte ihr weiterhin bis 1805 an. Julius Voigt, dem die wohl gründlichste Darstellung der Beziehungen Goethes zu Ilmenau zu danken ist, schreibt dazu: »In der Tat können Goethes Verdienste um das Ilmenauer Steuerwesen nicht leicht zu hoch angeschlagen werden. Ordnung und strenge Zucht waren in die Verwaltung zurückgekehrt, alte Schulden bezahlt, neue Grundsätze für eine gerechtere Verteilung der Lasten gefunden und dem Ilmenauer Steuerwesen die sichere Grundlage und innere Festigkeit verliehen, die es befähigten, ungefährdet die Erschütterungen zu überstehen, welche die Napoleonischen Kriege auch über diesen abgelegenen Winkel Deutschlands bringen sollten.«

Goethe und der Ilmenauer Bergbau

Weit größer, vielfältiger und mühevoller waren Goethes Anstrengungen, den Ilmenauer Bergbau wieder in Gang zu bringen, mit dem er der notleidenden Bevölkerung, »den armen Maulwürfen«, wie er sie in einem Brief nannte, wieder Arbeit und Brot geben und der Stadt, dem Amt und dem kleinen Herzogtum neue Einnahmequellen erschließen wollte.

Die Nachrichten über den Ilmenauer Bergbau reichen bis ins 13. Jahrhundert zurück. Vom 16. bis zum beginnenden 18. Jahrhundert wechselten Zeiten des Stillstandes mit Zeiten regen Abbaus, in denen nach Kupfer, Blei und Silber gegraben wurde. Am Anfang des 18. Jahrhunderts waren in den Ilmenauer Schächten zeitweise mehrere hundert Bergleute beschäftigt. In 14 Hochöfen wurde Erz geschmolzen, wofür man jährlich 30000 Klafter Holz verbrauchte. In den Jahren 1730 bis 1739 brachte der Bergbau einen Ertrag von insgesamt 288873 Talern, dem allerdings eine Gesamtverschuldung in fast ebensolcher Höhe gegenüberstand.

Der Versorgung der Bergwerke, vor allem ihrer Förder- und Pumpanlagen, mit Energie dienten im Ilm- und Freibachtal große Teiche, in denen Wasser gestaut und in Berggräben meilenweit an den Höhen des linken Ilmufers zu den Schächten bei Ilmenau geführt wurde. Zur Entwässerung der Schächte war am Ende des 16. Jahrhunderts von dem nordwestlich von Ilmenau gelegenen Dorfe Martinroda aus ein sieben Kilometer langer Stollen in Angriff genommen und 1717 vollendet worden, dessen Mundloch mit der Jahreszahl 1592 noch heute zu sehen ist. Der Stollen sollte den Aufwand für die Anlagen zur Hebung des Grundwassers mit ihren Radstuben und Kunstgestängen wesentlich verringern. In der Nacht des 9. Mai 1739 brach der Damm des unteren Freibachteiches bei Stützerbach. Die reißende Flut richtete im Ilmtal schwere Verwüstungen an. Der mittlere Berggraben führte kein Wasser, die Kunsträder und damit die Pumpen der Schächte konnten nicht mehr betrieben werden, die Grundwasser stiegen auf, und die Gruben ersoffen. Der Bergbau kam für Jahrzehnte zum Erliegen.

Der junge Herzog Karl August, der am 3. September 1775 achtzehnjährig die Regierung des Herzogtums Sachsen-Weimar-Eisenach übernahm, hielt es für eine der wichtigsten und dringlichsten Aufgaben, den Ilmenauer Bergbau wieder in Gang zu setzen. Der kursächsische Berghauptmann von Trebra wurde um ein Gutachten über Abbaumöglichkeiten und Abbauwürdigkeit gebeten. Nach Investition von 22500 Talern, auf drei Jahre verteilt, sollte der Bergbau wieder gewinnbringend arbeiten können. Als im Februar 1776 über die Wiederaufnahme des Bergbaus im Geheimen Consilium beraten wurde, war Goethe noch nicht hinzugezogen worden. Der Plan war ihm aber längst bekannt. Schon beim Besuch des Malers Georg Melchior Kraus im Sommer 1775 in Frankfurt, der, wie Goethe in ›Dichtung und Wahrheit‹ schreibt, »sehr anmutig« die Einladung des Herzogs nach Weimar wiederholte, wurde das »ins Stocken geratene Bergwerk zu Ilmenau« als lockende und lohnende Aufgabe genannt. Goethe hat für diesen Plan sehr bald Feuer gefangen. Schon am zweiten Tage seines ersten Ilmenauer Aufenthaltes, am 4. Mai 1776, ist er in eines der alten Bergwerke eingefahren und hat am gleichen Tage an den Herzog geschrieben: »Bei der Gelegenheit zieh ich von manchem Erkundigung ein, habe traurig die alten Ofen gesehen.«

Am 20. Juli war Goethe dabei, als der Herzog unter Trebras Führung den Schacht ›Getreuer Friedrich‹ südöstlich von Roda befuhr, um sich an Ort und Stelle von der Richtigkeit des Gutachtens und der Möglichkeit der Wiederingangsetzung der alten Schächte zu unterrichten. An Johann Heinrich Merck schrieb Goethe am 24. Juli: »Wir sind hier und wollen sehn, ob wir das alte Bergwerk wieder in Bewegung setzen.« Am 1. August befuhren Goethe, der Herzog und seine meist jugendlichen Begleiter wiederum unter Trebras Leitung den Steinkohlenschacht von Kammerberg. Es waren frohe und heitere, ja ausgelassene Tage. Trebra berichtet: »Frohheit war die Losung, und es schien wohl, als ob man nur darum mit Gefahr des Kopfes und Kragens, mühselig genug, in die Tiefe der mit Stollen durchschnittenen Felsen mehrmals hinabsteige, damit an der Mittagstafel nachher desto schmackhafter das muntere Glückauf! in vollen Bechern die Runde laufen könnte.«

Durch Reskript des Herzogs vom 18. Februar 1777 wurde eine Kommission für Bergwerksangelegenheiten geschaffen, deren Leitung Goethe übernahm. Vor der Kommission lag ein Berg von Arbeit. Zunächst galt es, die Besitzverhältnisse zu regeln, die auf den alten Berwerken liegenden Schuldenlasten zu tilgen, die Wiederingangsetzung des Bergbaus zu betreiben und die Finanzierung des Ganzen zu sichern. Alle diese Arbeiten mußte Goethe anfangs fast ausschließlich allein leisten. 1783 wurde auf seinen Vorschlag der spätere Minister Christian Gottlob Voigt in die Kommission berufen. Dessen jüngeren Bruder Johann Karl Wilhelm Voigt hatte man schon 1776 zum Studium an die Bergakademie in Freiberg gesandt, wo er sich die nötigen Kenntnisse für ein leitendes Amt im Ilmenauer Bergbau aneignen sollte. Nach mehrjähriger praktischer geologischer Tätigkeit wurde er 1783 Sekretär der Kommission und technischer Leiter des Bergbaus. Goethe hat später über diese Anfangsjahre geschrieben: »Nun ward von mir, der ich nur die allgemeinsten Begriffe vom Bergbau allenfalls besaß, zwar weder Gutachten noch Meinung, doch Anteil verlangt, aber diesen konnt ich an irgendeinem Gegenstand nur durch unmittelbares Anschauen gewinnen.« Im Winter 1777 unternahm er deshalb eine Studienfahrt in den Harz, um in Clausthal, Zellerfeld und Andreasberg die Schächte bis ins Tiefste zu befahren. Er besichtigte Messing- und Silberhütten und sah mit Befriedigung und voller Hoffnung »von unterirdischem Segen die Bergstädte fröhlich nachwachsen«.

Allen Aufgaben, die sich aus der Leitung der Bergwerkskommission ergaben, hat sich Goethe über Jahre hinweg mit außerordentlichem Geschick, nie erlahmender Energie und, wie er am 11. Oktober 1780 an Merck schrieb, mit »völliger Leidenschaft« angenommen. Er war vor Ort, sprach mit den Bergleuten und Beamten, kümmerte sich um die Konstruktion und den Bau der Kunstgezeuge, d. h. der Maschinen zur Wasserhaltung. Den Gesteinsuntersuchungen und Schmelzversuchen galt seine Aufmerksamkeit ebenso wie der Verpflegung der Bergleute, der Einrichtung einer Knappschaftskasse und der Berufung eines Bergarztes. Er unternahm alles, was er nur tun konnte, das Unternehmen in jeder Weise zu fördern. Durch keinen Mißerfolg und keinen Rückschlag ließ er sich entmutigen oder bei den Beteiligten Zweifel am erfolgreichen Gelingen aufkommen. Selbst die Briefe aus Italien sind erfüllt von der Sorge um den Fortgang des Ilmenauer Bergbaus. Alles das tat Goethe im Bewußtsein, daß der Fortschritt im Lande von dem Aufbau neuer Produktionsstätten und neuer Erwerbsmöglichkeiten für seine Bewohner entscheidend abhing.

1782 näherte sich, nach Goethes Worten, das »Geschäft« seiner Reife. Eine ›Nachricht‹ über den Ilmenauer Bergbau, mit der für den Kauf von Anteilen, sogenannten Kuxen, geworben werden sollte, war fertiggestellt. Eine prachtvolle Bergwerkskarte, geschaffen von dem Bergbeamten Johann Gottfried Schreiber, wurde beigegeben, die Goethe bei dem Kupferstecher Zingg in Dresden hatte stechen lassen. 1783 wurden Nachricht und Karte verschickt. Die ersten 500 Kuxe (verkauft wurden insgesamt 1000), von deren Kauf Karl August die Inbetriebnahme des neuen Bergbaus abhängig gemacht hatte, waren rasch abgesetzt. Wieland übernahm zehn, Herder zwei, Goethe selbst drei Kuxe, von denen er zwei verschenkte. An Knebel schrieb Goethe am 16. Februar 1784, indem er ihn zugleich einlud, Kuxe zu kaufen und für den Ankauf zu werben: »Wir haben schon 500 und eröffnen den neuen Johannisschacht auf Faßnacht. Es macht mir viel Vergnügen, daß nach überwundnen so mannigfaltigen Hindernissen auch dieses Unternehmen endlich soweit ist.«

Die feierliche Eröffnung des neuen Bergbaus in Ilmenau fand am 24. Februar 1784 statt. Goethes Rede an diesem Tage war von Freude und Stolz darüber erfüllt, daß trotz aller Schwierigkeiten nun mit dem Niederbringen des Schachtes begonnen werden konnte, aus ihr sprach die Gewißheit, daß das junge Werk gelingen werde. »Ich freue mich mit einem jeden, der heute sich zu freuen die nächste Ursache hat, ich danke einem jeden, der an unsrer Freude auch nur entferntern Anteil nimmt. [–] Denn endlich erscheint der Augenblick, auf den diese Stadt schon beinahe ein halbes Jahrhundert mit Verlangen wartet, dem ich selbst seit acht Jahren, als solange ich diesen Landen angehöre, mit Sehnsucht entgegensehe. [–] Dieser Schacht, den wir heute eröffnen, soll die Türe werden, durch die man zu den verborgenen Schätzen der Erde hinabsteigt, durch die jene tiefliegende Gaben der Natur an das Tageslicht gefördert werden sollen. ... Glück auf also, daß wir so weit gekommen sind!« Goethe schloß die Rede mit dem Wunsche, »daß endlich das zweideutige Metall, das öfter zum Bösen als zum Guten angewendet wird, nur ... zum Nutzen der Menschheit gefördert werden möge«.

Nach mannigfachen Schwierigkeiten erreichte der neue Schacht am 3. September 1792 endlich den Kupferschiefer. Die Förderung konnte beginnen. Die erste Tonne geförderten Schiefers wurde illuminiert und mit Blumen umwunden zutage gebracht, und am Sonntag darauf feierte man ein Dankfest »mit vollständiger Überzeugung von dem glücklichen Ausgang«. Goethe, der sich seit dem 28. August beim Regiment Karl Augusts in Fankreich befand, beglückwünschte Voigt in einem Brief vom 15. Oktober aus Luxemburg: »Zum Ilmenauer Flöz können wir uns Glück wünschen, wenn auch gleich das Geschäft gleichsam von vorne angeht.«

Es ging von vorne an. Der geförderte Schiefer hatte einen sehr geringen oder kaum einen Erzgehalt. Alle Schmelzversuche konnten daran nichts ändern. Verhandlungen mit den Gewerken, den Vertretern der Anteilseigner, waren erforderlich, um diese zur Zahlung weiterer Gelder zu bewegen. Ein neues Poch- und Waschwerk mußte angelegt werden. Entschieden wandte sich Goethe gegen allen Pessimismus. In gemeinsamen Beratungen mit erfahrenen Bergleuten suchte und fand er immer wieder Lösungen, die Erfolg versprachen. Da nahm in der Nacht vom 22. zum 23. Oktober 1796 das ganze mit so vielen Mühen und Hoffnungen begleitete Unternehmen eine unerwartete Wendung. Ein Teil des Martinrodaer Stollens stürzte zusammen, und die aus den Radstuben auf ihn abgeleiteten und durch Pumpen aus dem Johannesschacht zu ihm emporgehobenen Wasser konnten nicht mehr abfließen. Die Pumpen mußten abgestellt werden, die Wasser stiegen im Schacht, nur mit Mühe gelang es, die vor Ort arbeitenden Bergleute zu retten.

Goethe eilte sofort nach Ilmenau. Am 9. November gab er eine eigenhändige Notiz zu den Akten, in der es heißt, daß er »das Geschäft teils aufzuklären, teils seine weitere Behandlung vorzubereiten und zu bestimmen gesucht« habe. Dem Protokoll der abschließenden, von ihm geleiteten Sitzung über Ursachen und Wirkung des Stollenbruches ist eine von ihm selbst angefertigte Skizze über die Lage des Bruches beigefügt, »damit man sich von dem Bruche in seiner gegenwärtigen Lage einigermaßen eine Idee machen könne«.

Im Mai 1798 war der Martinrodaer Stollen nach mühevoller Arbeit wieder in Ordnung gebracht. Dennoch kam es nicht zu einer Wiederaufnahme des Erzabbaus, da die Gewerken keine Zahlungen mehr leisteten und damit das notwendige Betriebskapital fehlte. Auch alle späteren Versuche, den Ilmenauer Bergbau wieder zu beleben, blieben ohne Erfolg.

Kampf gegen ökonomische Rückständigkeit

Goethes Kampf gegen die ökonomische Rückständigkeit des Amtes Ilmenau sind auch die Versuche zuzurechnen, nach den Vorschlägen des französischen Emigranten de Wendel dem Herzogtum im Ilmenauer Raum ein metallurgische Basis zu schaffen. Ein von Goethe eigenhändig angelegtes Aktenstück beweist, wie sehr ihn das Projekt, in Ilmenau hochwertiges Eisen zu schmelzen, beschäftigte. Ein Versuchsofen wurde gebaut, aber das Unternehmen, von dem sich Goethe »eine große Wirkung« versprochen hatte, scheiterte, weil der neue Schmelzofen beim ersten Versuch infolge der »über alle Erwartungen« großen Glut zerbrach.

Zu Goethes wirtschaftspolitischen Bemühungen im Ilmenauer Raum gehörte seine Anteilnahme an der Entwicklung der Glashütten und der Ilmenauer Porzellanmanufaktur. In der Wollfabrikation, die der Hofkommissar Hetzer betrieb, sah Goethe Beschäftigungsmöglichkeiten für viele und förderte sie deshalb entsprechend. Im Oktober 1784 brachte er Hetzer aus Weimar Muster und Tabellen für die weitere Entwicklung der Produktion mit. Noch 1813 beriet er mit ihm technische Details der Färberei und Spinnerei und besichtigte mit großem Interesse die Bandstühle, die Hetzer aufgestellt hatte.

Wenn Goethe in einem Brief an Schiller vom 29. August 1795 bemerkt, daß Ilmenau »ein stilles, mäßiges ökonomisches Streben und überall den Übergang vom *Hand*werk zum *Maschinen*werk und bei der Abgeschnittenheit einen größern Verkehr mit der Welt als manches Städtchen im flachen zugänglichen Lande« habe, dann spricht aus diesen Zeilen nicht nur der aufmerksame Beobachter, sondern es äußern sich auch Freude und Stolz über den erfolgreichen Kampf gegen die ökonomische Rückständigkeit dieses Landesteils. Im gleichen Sinne schrieb der vierundsechzigjährige Goethe am 5. September 1813, als er nach einer langen Pause Stadt und Amt Ilmenau wiedergesehen hatte, an Knebel: »In Ilmenau habe ich sieben sehr vergnügte Tage zugebracht, und die Erinnerungen alter Zeit waren mir gar wohltätig; sie ist lange genug vorbei, so daß nur das, was eigentlich fruchtbar in ihr lebte, für die Einbildungskraft übriggeblieben ist. Das Gute, was man beabsichtigte und leistete, ist in allen Hauptpunkten wohl erhalten und fortgesetzt worden.«

Ein umfassendes Bild des vielseitigen Wirkens Goethes im Ilmenauer Raum vermittelt die

Goethe-Gedenkstätte im Amtshaus Ilmenau

Das Amtshaus, ein stattlicher und doch schlichter barocker Bau, beherrscht den kleinen Marktplatz der Stadt und schließt ihn nach Norden ab. Der Thüringer Barockbaumeister Gottfried Heinrich Krohne, der den Wiederaufbau der 1752 abgebrannten Stadt konzipierte und leitete, ließ das Amtshaus nach eigenen Plänen und Entwürfen neu errichten. 1756 konnte es seiner Bestimmung übergeben werden. Der rasche Wiederaufbau machte sich notwendig, weil in Ilmenau dringend Dienst- und Wohnräume für den herzoglichen Amtmann gebraucht wurden und weil mit dem Schloß auch die Wohnung für die herzogliche Familie abgebrannt war. Das neue Gebäude entsprach beiden Bedürfnissen. Im ersten Obergeschoß erhielt es repräsentative Räume, um derentwillen es oft das Ilmenauer ›Schloß‹ genannt worden ist.

Über dem barocken, in Sandstein gefaßten Portal zeigen Schilder das Wappen des Herzogtums Sachsen-Weimar-Eisenach und das Monogramm EAC, d. h. Ernst August Constantin. Das Ilmenauer Amtshaus erinnert damit an die kurze Regierungszeit dieses jungen kränklichen Herzogs, des Gatten von Herzogin Anna Amalia, der einundzwanzigjährig 1758 verstorben ist.

Goethe bewohnte bei seinen Aufenthalten in Ilmenau oft das südöstliche Eckzimmer im ersten Stock. Als die Stadt Ilmenau 1931 der hundertsten Wiederkehr von Goethes zweiundachtzigstem Geburtstag gedachte, den der Dichter in Ilmenau verlebt hatte, gestalteten Goethefreunde die im Erdgeschoß liegende alte Amtsstube zu einer kleinen Goethe-Gedenkstätte.

Der zweihundertste Geburtstag Goethes im Jahre 1949 war Anlaß für die Natur- und Heimatfreunde im Kulturbund, unter Einbeziehung des alten Goethezimmers im ersten Stock des Amtshauses fünf Räume als Heimatmuseum einzurichten, in dem Erinnerungsstücke und Dokumente der Goethezeit gezeigt wurden.

1967 gestalteten die Nationalen Forschungs- und Gedenkstätten der klassischen deutschen Literatur dieses Heimatmuseum zu einer Goethe-Gedenkstätte um.

Über den achteckigen TREPPENTURM an der rechten Hinterseite des Hauses gelangt man zu der im ersten Obergeschoß gelegenen Gedenkstätte. Kohlezeichnungen an den Wänden vermitteln hier einen Eindruck von der alten Bergstadt Ilmenau.

Im EINGANGSZENTRUM verzeichnet eine Zeittafel wichtige Ereignisse aus der Geschichte der Stadt bis zur Goethezeit. Das Ritterschwert daneben erinnert an die Zerstörung einer Ilmenauer Raubburg durch Erfurter Truppen im Jahre 1290. Rechts vom Fenster belegt eine Seite aus einer alten Thüringer Chronik die Schrecken des Dreißigjährigen Krieges: »Anno 1624 . . . brannten abermals in 2 Stunden Zeit 265 Wohnhäuser ab . . . Anno 1640 . . . ward dieser Ort von etlichen kaiserlichen Kompanien unter dem Obrist-Wachtmeister Buffalo geplündert.«

Links neben der Tür zum nächsten Raum findet sich die Darstellung Ilmenaus vor dem großen Brande von 1752 aus der Chronik von Christian Junker.

Rechts neben der Tür zeigt eine Karte von Franz Ludwig Güssefeld das Amt Ilmenau im Jahre 1785, das damals rund 3600 Einwohner zählte, von denen etwa die Hälfte in der Stadt, die andere Hälfte in den zehn zugehörigen Dörfern wohnte.

Ein Kupferstich stellt Herzog Ernst August, den Großvater von Herzog Karl August, vor. Die Kopie einer zeitgenössischen Federzeichnung zeigt das für ihn von Gottfried Heinrich Krohne erbaute, 1752 abgebrannte Ilmenauer Schloß.

In der Vitrine belegen Arbeitsgeräte und Erzeugnisse das Leben und Schaffen der Handwerker. Die kunstvollen zinnernen Meisterhumpen aus den Jahren 1667 und 1703, die kupferne Innungskanne der Drechsler und Holzschnitzer von 1806 und das ›Innungsbuch des Zimmerhandwerks von Ilmenau‹ aus dem Jahre 1699 runden dieses anschauliche Bild ab. Weitere Dokumente berichten über die Erträge des Bergbaus und der Forstwirtschaft in der ersten Hälfte des 18. Jahrhunderts.

Die Erfurter Schriftstellerin Sidonia Hedwig Zäunemann hat 1737 als erste Frau die Ilmenauer Schächte befahren; das von ihr darüber verfaßte und im gleichen Jahr veröffentlichte Gedicht ›Das Ilmenauische Bergwerk‹ fand auch in Goethes Bibliothek seinen Platz.

Von Not und Kümmernis, von jammervollen Tagen,
von Elend, Angst und Schmerz kann uns ein
Bergmann sagen.
Er wünscht die Berghenn' nach der Schicht
und schmeckt sie doch wohl öfter nicht.

Ein Rötelstich an der Wand neben der Vitrine zeigt Herzogin Anna Amalia, die in den Jahren 1758 bis 1775 die Regentschaft über das Herzogtum innehatte. Neben zeitgenössischen Kupferstichen mit den Ansichten Weimars und Ilmenaus ist die Beschwerdeschrift der Ilmenauer Bürgerschaft vom 1. Februar 1768, ›Gerechte und erhebliche Beschwerden einer armen Bürgerschaft zu Ilmenau‹, zu sehen. Mit dieser Beschwerdeschrift begann die sogenannte ›Ilmenauer Empörung‹, ein Versuch der Bürger der Stadt, sich gegen die Willkür der herzoglichen Beamten zu wehren. Anna Amalia ließ dieses Aufbegehren durch eine militärische Strafexpedition niederschlagen.

Der anschließende Aktenfries belegt Goethes Kampf gegen Korruption und Betrug, für die Neuregelung des Ilmenauer Steuerwesens. Hier findet sich das von Goethe verfaßte und eigenhändig geschriebene Reskript des Herzogs vom 30. November 1781, in dem gefordert wird, die Untersuchungen gegen den Steuereinnehmer Gruner mit »mehrerem Nachdruck« und »größerem Ernst und Eifer« zu führen und ihn wegen »einer unerhörten Untreue, Unordnung, Nachlässigkeit und Widersetzlichkeit« zur Verantwortung zu ziehen. Mit dem Reskript des Herzogs vom 6. Juli 1784 wurde Goethe die Aufsicht über das Ilmenauer Steuerwesen übertragen. Ein Brief aus Italien beweist, daß ihn auch dort die Sorge um die Ordnung der Ilmenauer Steuerverhältnisse nicht verlassen hat.

Das GOETHEZIMMER diente dem Dichter während der Mehrzahl seiner Aufenthalte in Ilmenau als Wohn- und Arbeitsraum. Zur originalen Einrichtung gehören der kunstvoll gearbeitete barocke Schreibschrank neben dem rechten Fenster und die in Paris hergestellte Boule-Uhr über dem Sofa. Die weitere Ausstattung des Raumes entspricht der Zeit und soll einen Eindruck von der Atmosphäre vermitteln, die Goethe hier umgeben haben mag. Lebensgroße Schattenrisse über dem Sofa zeigen Goethe und Herzog Karl August um 1780.

Ein Bild des Weimarer Malers Georg Melchior Kraus rechts neben der Eingangstür stellt den sechsundzwanzigjährigen Goethe dar. Die Schrifttafel darunter informiert über Goethes Besuche in Ilmenau und im Ilmenauer Raum. Der kleine Eckschrank links neben der Tafel enthält Gegenstände, die Goethe in Ilmenau benutzt hat: vier Weingläser, ein langhalsiges Glasfläschchen mit der Gravur ›CA‹ und der herzoglichen Krone sowie ein ovales Porzellanschälchen mit umlaufendem zierlichem Blumendekor. Gedenkmünzen aus Bronze und Silber stellen die ›Weimarer Riesen‹ Goethe, Schiller, Herder und Wieland vor.

Der große Barockschrank zeigt Handschriften, Erstdrucke, Zeichnungen und Porzellane, die auf das dichterische Schaffen Goethes in Ilmenau und auf seine Beziehungen zu Freunden hindeuten sollen. Der Brief vom

17. April 1782 an Karl Ludwig von Knebel, in dem der Dichter seiner Unzufriedenheit mit den gesellschaftlichen Verhältnissen des Herzogtums Ausdruck verliehen hat, ist ebenso zu sehen wie Knebels Gedicht ›An der Quelle der Ilm‹, das mit den Worten beginnt: »Auch hier wohnen die Musen ...«

Goethes Tagebücher und Briefe belegen seine Arbeit an dem unvollendeten Roman ›Wilhelm Meisters theatralische Sendung‹, der ersten Fassung des großen Entwicklungsromans ›Wilhelm Meisters Lehrjahre‹, in Ilmenau. Goethefreunde wollen in dem darin geschilderten »heiteren Landstädtchen ... am Fuße des Gebirges in einer schönen fruchtbaren Ebene, an einem sanften Flusse« Ilmenau erkennen, wie man auch den Ilmenauer Markt als Schauplatz jener Szenen betrachtet, in denen Wilhelm und Philine einander aus den schräg gegenüberliegenden Gasthäusern begrüßen und aus deren Fenstern dem Auftreten der Seiltänzer, Springer und Gaukler zusehen. In der alten Amtsstube unter dem Goethezimmer könnte die Vernehmung des Schauspielers Melina und seiner Geliebten stattgefunden haben. Eine Bleistiftskizze Goethes, mit der er diese Szene festgehalten hat, ist neben den möglicherweise auf Ilmenau bezogenen Passagen aus ›Wilhelm Meisters Lehrjahren‹ ausgelegt.

Von Johann Friedrich Krafft, dessen Geheimnis Goethe sorgfältig gehütet und niemals gelüftet hat, sind einige Briefe zu sehen. 1779 berichtete er über die wirtschaftliche Lage Ilmenaus an Goethe: »Die Stadt besteht mehr aus armen als bemittelten Einwohnern. Den Armen fehlt es an hinlänglichen Nahrungszweigen ...« Auf Kraffts Bitte um Erhöhung der Mittel für seinen Unterhalt antwortete Goethe 1781 bedauernd: »Mein Etat ... erlaubt mir nicht, das mindeste über die 200 Taler für Sie zu tun.«

Auch eines heimatlosen Knaben aus der Schweiz, Peters im Baumgarten, nahm sich Goethe an. 1778 brachte er den Jungen zur Ausbildung als Jäger in die Lehre nach Ilmenau. Krafft wurde gebeten, an der Erziehung des Jungen mitzuwirken. Goethe schrieb ihm 1779: »Was Sie an Petern tun, dank ich Ihnen vielmals, denn der Junge liegt mir am Herzen ...« Eine Radierung von unbekannter Hand aus dem Jahre 1780 zeigt den Knaben, der im Dezember des gleichen Jahres an Goethe geschrieben hat: »Ich weiß und bin überzeugt, daß Sie ein Menschenfreund sind und keinen Menschen mit Wissen betrüben, also kann ich mich Ihrer Menschenliebe auch teilhaftig machen.«

Porzellangeschirr aus der Ilmenauer Manufaktur in einfachen, schlichten Formen ist mit Motiven von Orten bemalt, die Goethe oft und gern besuchte: den Großen Hermannstein, das Jagdhaus Gabelbach, den Schwalbenstein, den Steinkohlenschacht am Kammerberg und die längst verschwundene große Eiche bei Martinroda.

Rechts vom Schrank zeigt eine Radierung von Georg Melchior Kraus

Ilmenau von Südosten, weitere Radierungen stellen Corona Schröter, Karl Ludwig von Knebel und Charlotte von Stein dar. Kompositionen Corona Schröters zu Versen Goethes, auf dem aufgeklappten Deckel eines aus der Goethezeit stammenden Klaviers ausgelegt, lassen die Vielfalt ihres Talents und ihre Vertrautheit mit dem Werk Goethes erkennen.

An der Leibung der Fenster haben zeitgenössische Kupferstichporträts von Dichtern Platz gefunden, die zur Zeit Goethes Ilmenau besuchten: Wieland, Herder, Schiller und Jean Paul.

Auf dem Konsolschränkchen zwischen den Fenstern steht, im Stil des Empire verkleidet, ein elektrisches Feuerzeug, das auf den von Volta 1775 erfundenen Elektrophor zurückgeht. Ein Reibungselektrizität erzeugender Mechanismus bewirkt, daß man der Zunge des kleinen Löwen einen Funken entziehen kann.

Die Bilder an der Leibung des rechten Fensters zeigen Wohnungen Goethes in Ilmenau – das Amtshaus, die alte Oberförsterei, den Gasthof ›Zum Löwen‹ – und Ansichten von Orten, die mit Goethes dichterischem Werk verbunden sind: den Schwalbenstein bei Manebach und die Jagdhütte am Gipfel des Kickelhahns.

Auf der Platte des Schreibschranks mit seinen schönen und wertvollen Intarsien liegt ein Exemplar des Erstdrucks von Goethes Altersroman ›Wilhelm Meisters Wanderjahre‹. Im neunten Kapitel des zweiten Buches, das aufgeschlagen ist, hat Goethe einen Grundgedanken seiner Weltanschauung formuliert, den von der Einheit von Theorie und Praxis: »Denken und Tun, Tun und Denken, das ist die Summe aller Weisheit, von jeher anerkannt, von jeher geübt, nicht eingesehen von einem jeden. . . . Wer sich zum Gesetz macht, . . . das Tun am Denken, das Denken am Tun zu prüfen, der kann nicht irren, und irrt er, so wird er sich bald auf den rechten Weg zurückfinden.«

Im BERGWERKSZIMMER geben der ›Grund- und Profilriß des gesamten gemeinschaftlichen Berg Wercks bey Ilmenau . . . zusammengetragen im Jahre Christi 1730‹, das vom Bergmeister Mahr 1869 gebaute ›Modell des Bergbaus auf Silber und Kupfer bei Ilmenau in den Jahren 1560 bis 1859‹ und ein Profilschnitt durch ›das alte Ilmenauer Bergwerk mit vier Hauptschächten, Örtern, Strecken und Gesenken aus dem Jahre 1705‹ einen Überblick über Umfang und Ausdehnung des Ilmenauer Bergbaus in der Zeit vor Goethe.

In der Vitrine vor dem linken Fenster liegen auf rotem Samt silberne Henneberger Huldigungsmünzen aus dem Jahre 1661, Ausbeutetaler aus dem letzten Jahrzehnt des 17. Jahrhunderts und Kupferheller, die in der Ilmenauer Münze geprägt worden sind. Ein Ausbeutetaler aus dem Jahre 1698 zeigt unter der Berghenne, dem Wahrzeichen der Henneberger Grafen, einen Schnitt durch die unter Tage liegenden Ilmenauer Bergwerksanlagen an der Sturmheide. Die lateinische Inschrift lautet »Tuetur et auget« (Schützet und vermehret!). Die fotografische Vergrößerung dieser Münze in der Fensterleibung läßt viele interessante Einzelheiten des alten Bergbaus erkennen. Die Vergrößerung eines Ausbeutetalers aus dem Jahre 1697 zeigt eine Darstellung der oberirdischen Bergwerksanlagen. Der kursächsische Berghauptmann Friedrich Wilhelm Heinrich von Trebra, der das Gutachten für die Wiederaufnahme des Ilmenauer Bergbaus erstattet hatte, wird auf einer Fotografie seines von Anton Graff geschaffenen Porträts vorgestellt.

Über der Schrankvitrine zwischen den beiden Fenstern ist auf einem Aquarell von unbekannter Hand ein Ilmenauer Bergmann der Goethezeit zu sehen. Auf der Vitrine haben holzgeschnitzte Ilmenauer Bergmannsfiguren, die wie im Erzgebirge als Lichtträger dienten, Platz gefunden. Auch der erztragende Bergmann aus Zinn in der Vitrine in der Mitte des Raumes, wahrscheinlich um 1700 hergestellt, wurde als Leuchter benutzt. Die Schrankvitrine enthält die wichtigsten im 18. Jahrhundert erschienenen Bücher über Bergbau und Hüttenwesen sowie Beschreibungen der Bergwerke Thüringens, Kursachsens und des Harzes.

Die Vitrine in der Raummitte vereint handschriftliche und gedruckte Belege, Tagebuchnotizen, Zeichnungen und Berichte zu Goethes Bemühungen um die Wiederingangsetzung des Ilmenauer Bergbaus. Hier finden sich das Gutachten des Berghauptmanns von Trebra vom 6. Mai 1776, Goethes Tagebucheintragung über die Befahrung des Kammerberger Kohlenbergwerks am 1. August 1776 und das Reskript des Herzogs vom 14. November 1777, mit dem er Goethe die Leitung sämtlicher Bergwerksangelegenheiten übertrug. Aus dem Brief Goethes an Charlotte von Stein vom 7. September 1780 spricht seine Sorge über die elende Lage der Bevölkerung. Eine Niederschrift des Bergsekretärs Voigt vom 10. Juli 1781 berichtet über eine »Generalbefahrung« des Schachtes ›Getreuer Friedrich‹ und des Martinrodaer Stollens bis zum Johannesschacht durch Goethe, mehrere Ilmenauer Bergbeamte und den aus Blankenburg im Harz herbeigerufenen erfahrenen Bergmeister Mühlberg. Die von Goethe verfaßte ›Nachricht von dem ilmenauischen Bergwesen‹ aus dem Jahre 1781 ist ebenso zu sehen wie die Einladung zur Gründung der neuen Gewerkschaft von 1783. Ein ›Kux‹ oder Bergwerksanteil des Ilmenauer Kupfer- und Silberbergwerks trägt die Unterschriften von Goethe und Christian Gottlob Voigt sowie von dessen Bruder, dem Bergsekretär Johann Karl Wilhelm Voigt.

An der Stirnwand des Raumes sind Porträts dieser drei für den Ilmenauer Bergbau bedeutenden Männer zu sehen: in der Mitte der Bergsekretär Voigt

(Ölgemäde, 1811), links Christian Gottlob Voigt (Büste von Christian Friedrich Tieck, 1803), rechts der junge Goethe (Büste von Martin Gottlieb Klauer, 1778).

Goethes bis ins einzelne gehende Anteilnahme und Mitwirkung am Ilmenauer Bergbau belegt sein Brief vom 18. Oktober 1784 an Karl August. Er schreibt darin: »Wir haben das Inventarium berichtigen lassen, den neuen Schacht und tiefen Stollen vom 10. Lichtloche an befahren, ... wegen Führung der Gräben und Erbauung des Treibewerks die nötigen Voranstalten gemacht, die Haushaltung, das Personal, Materiale pp. fleißig untersucht und, durch eine scharfe Aufmerksamkeit auf die geringsten Dinge, der Tätigkeit der Unterbeamten, hoffe ich, eine gute Richtung gegeben.« Ein Brief vom 23. März 1787 aus Neapel an Voigt bestätigt die Anteilnahme auch aus der Ferne: »Es hätte mir nicht leicht eine größere Freude von Hause kommen können, als mir die Nachricht von dem Fortgange des Ilmenauer Bergwerks gebracht hat.« Der Bericht des Bergrats Voigt vom 3. September 1792 enthält die frohe Mitteilung: »Der Schieferflöz ist heute mit dem Johannisschacht im 120sten Lachter Tiefe glücklich verbunden worden.« Zwei Skizzen aus der gründlichen, 1821 erschienenen Arbeit ›Geschichte des Ilmenauischen Bergbaues‹ von Bergrat Voigt zeigen die Lage des Schieferflözes, wie man es zu finden hoffte und wie man es schließlich fand.

Die rechte Fenstervitrine enthält Funde aus dem Kammerberger Steinkohlenschacht und Literatur darüber.

An der linken Seite der Stirnwand findet sich die ›Charte‹ der Bergwerksanlagen in Ilmenau und im Ilmtale, die 1776 und 1777 auf Goethes Veranlassung durch den Markscheider Schreiber angefertigt worden war, samt den zugehörigen Erläuterungen. Ein geologisches Profil zeigt, welch mächtige Gesteinsschichten durchdrungen werden mußten, um das in der unteren Zechsteinformation gelegene, nur etwa einen halben Meter starke Kupferschieferflöz zu erreichen.

Die Vitrine enthält Erze und Gesteine aus Ilmenau und Umgebung, darunter Kupfererze mit geringen Silberbeimengungen und Flußspat, der unter anderem als Flußmittel beim Schmelzen von Erzen Verwendung findet. Aus dem unter Goethes Leitung niedergebrachten ›Neuen-Johannes-Schacht‹ werden Dolomit, Gips, Anhydrit und verschiedene Mangan- und Eisenerze gezeigt. Mineralogische Werke aus dem 18. Jahrhundert weisen auf Bedeutung und Wert der ausgestellten Erze und Gesteine hin.

Die farbige Profilzeichnung rechts neben der Vitrine vermittelt ein Bild von der geologischen Struktur im Terrain der Stadt Ilmenau und ihrer Randgebiete. Goethezeichnungen aus dem Jahre 1776 zeigen eine eingestürzte Schachtanlage und eine Bergwerkskaue bei Ilmenau.

Der linke Aktenfries an der Längswand berichtet über das Ende des Ilmenauer Bergbaus. Zu sehen sind der Brief des Bergmeisters Schreiber über den Bruch des Martinrodaer Stollens vom 23. Oktober 1796 und Niederschriften, Berichte und Skizzen Goethes. Später hat Goethe in den ›Tag- und Jahresheften‹ geschrieben: »An dem Bergbaue zu Ilmenau hatten wir uns schon mehrere Jahre herumgequält; eine so wichtige Unternehmung isoliert zu wagen war nur einem jugendlichen, tätig-frohen Übermut zu verzeihen. Innerhalb eines großen, eingerichteten Bergwesens hätte sie sich fruchtbarer fortbilden können; allein mit beschränkten Mitteln, fremden, obgleich sehr tüchtigen, von Zeit zu Zeit herbeigerufenen Offizianten konnte man zwar ins klare kommen, dabei war die Ausführung weder umsichtig noch energisch genug und das Werk, besonders bei einer ganz unerwarteten Naturbildung, mehr als einmal im Begriff zu stocken.«

In der mittleren großen Standvitrine belegen Handschriften und Urkunden die vielseitigen Bemühungen Goethes um die Entwicklung anderer Wirtschaftszweige im Amte und in der Stadt Ilmenau. Ein Blatt aus dem Jahre 1785 enthält Notizen über die wirtschaftliche Situation der umliegenden Dörfer. Einem Reskript des Herzogs vom 22. Oktober 1782, die Gründung einer Rasch- und Zeugmacherinnung in Ilmenau betreffend, hat Goethe eigenhändig die Bemerkung angefügt, die Kaufleute sollten »hinkünftig den Ilmenauer Arbeitern ihre Ware . . . vorzüglich abnehmen«. Das in einem Abguß zu sehende Relief vom Grabmal des Gold- und Silberschmiedes Häcker, das einen Bergbeamten vor dem Probierofen zeigt, ist eine der wenigen bildlichen Darstellungen, die an das Hüttenwesen um und in Ilmenau erinnern. Goethes Absicht, die Eisenproduktion durch Einführung neuer Schmelz- und Bearbeitungsmethoden zu modernisieren und ertragreicher zu gestalten, belegen seine ›Vorläufigen Fragen‹ vom 9. Februar 1795 und sein Brief an den Amtmann zu Ilmenau vom 23. März 1795. Mit dem von Johann Heinrich Lips 1791 geschaffenen Stich des etwa vierzigjährigen Goethe lernt der Besucher eines der ausdrucksvollsten Goetheporträts kennen.

Der rechte Aktenfries versucht anschaulich zu machen, wie Goethe die in Ilmenau gesammelten Eindrücke und Erfahrungen in seinem dichterischen Werk verarbeitete und wie er über die Ilmenauer Erlebnisse an Freunde berichtete.

Die kleine Schrankvitrine ist dem Leben der Bergleute gewidmet. Obenauf steht die Tonfigur des Kantinenwirts Klötzner in Bergmannsuniform aus der Zeit um 1700. Die Festuniform eines Hauptmanns der Ilmenauer Bergleute und Schützen aus dem Jahre 1820, Knöpfe von Bergmannsuniformen der Goethezeit, die die Berghenne mit gekreuzten Berghämmern zeigen, und verschiedene Utensilien sprechen von der Arbeit und den Gebräuchen der

Bergleute, deren wichtigste Werkzeuge, Spitzhacke und Axt, über der Ausgangstür des Bergwerkszimmers angebracht sind.

Im PORZELLANZIMMER liegt in der Vitrine unter dem Fenster das von Goethe gegengezeichnete Reskript Karl Augusts, mit dem am 3. Juni 1777 Christian Zacharias Graebner die Konzession für das Betreiben einer ›Porcellain Fabrique‹ zu Ilmenau erhielt. Ein Gutachten des herzoglichen Schatullverwalters Friedrich Justin Bertuch über die wirtschaftliche Lage und die Einrichtung der Ilmenauer Porzellanfabrik aus dem Jahre 1785 und Goethes eigenhändiges Votum dazu vom 1. November sowie ein Verzeichnis der in der Zeit vom 11. Oktober 1782 bis 31. Juli 1784 hergestellten Waren berichten über das weitere Schicksal der Manufaktur. Unter Christian Nonne, dessen Profil eine Porzellanplakette links neben der Tür zeigt, erlebte die Manufaktur ihre Blütezeit. Nonne führte das große I als Markenzeichen für Ilmenau-Porzellan ein. In der Wandvitrine ist eine Auswahl aus den während der Jahre 1792–1800 meist nach antiken Motiven hergestellten Porzellanmedaillons zu sehen. Mit den weißen Figuren auf blauem Grund ähnelten sie den damals beliebten keramischen Erzeugnissen des Engländers Wedgwood und waren ein begehrter Modeartikel.

Die beiden Schränke verwahren überwiegend Ilmenauer Porzellan aus den Jahren um 1800, das sich durch schlichte Formgebung und einfache Schönheit auszeichnet. Die Nachbildung der Ilmenauer Bergmannskapelle im oberen Fach des Schrankes neben den Fenstern ist nach Vorlagen aus der Zeit um 1820 entworfen worden. Die dem Rokoko nachempfundene, mit reichem Schnörkelwerk versehene weiße Porzellanuhr auf diesem Schrank hat auf der Pariser Weltausstellung 1900 eine ›ehrenvolle Anerkennung‹ erhalten. Links und rechts von dem mit Intarsien geschmückten Schrank an der Stirnwand des Raumes belegen Blätter aus dem Musterbuch der Ilmenauer Manufaktur den sicheren Geschmack und die Beherrschung der damals modernen Formen durch die Ilmenauer Porzellanhersteller.

Im GLASZIMMER weisen die Lampe eines Glasbläsers aus der Zeit um 1800 sowie alte Stiche und Dokumente über die Glasfabrikation darauf hin, daß 1675 in Ilmenau die erste Glashütte errichtet wurde und die Glasherstellung und -verarbeitung seither einen festen Platz unter den Gewerben der Stadt einnimmt.

In der großen Vitrine sind vorwiegend in den Jahren 1750 bis 1850 in den Glashütten des Thüringer Waldes hergestellte Gläser zu sehen. Wein-, Likör-, Schnaps- und Biergläser vermitteln wie die ebenfalls ausgestellten Flaschen und Pokale ein anschauliches Bild von der Vielfalt der Produktion. Einfache Schmuckformen und volkstümliche Bemalungen zeugen vom Formgefühl und vom Humor der Glashersteller der Vergangenheit.

Am Ende des Rundgangs finden sich rechts vom Fenster ein in Kupfer gestochenes Porträt Goethes und die Handschrift der schon zitierten Äußerung über die Bedeutung Ilmenaus für sein Leben und seine Weltanschauung.

Rundgang durch die Stadt

Nach dem Besuch des Amtshauses empfiehlt sich ein Rundgang durch die Stadt zu Stätten und Gebäuden, die an Goethes Wirken erinnern.

Der Rundgang beschränkt sich auf die Teile der Stadt, die nach dem großen Brande von 1752 nach den Plänen Krohnes wiederaufgebaut worden sind. Seither ist Ilmenau nach allen Seiten, vor allem nach Südwesten, gewachsen und zählt heute als Kreisstadt mehr als 20000 Einwohner. Den Charakter der Stadt bestimmen die sich ständig entwickelnden Produktionsstätten für technisches Glas, die Porzellanfabriken und die Technische Hochschule, die sich seit ihrer Gründung im Jahre 1953 einen internationalen Ruf erworben hat.

Der Rundgang beginnt am historischen MARKTPLATZ, der im wesentlichen noch das gleiche Bild wie zur Zeit Goethes bietet. Damals wie heute trägt der Brunnen das (einst vergoldete) Wappentier der Grafschaft Henneberg, die Berghenne. Noch heute stehen am Markt die beiden Gasthofgebäude ›Zur Sonne‹ und ›Zum Adler‹, die freilich schon seit langem nur noch als Wohnhäuser genutzt werden. Wie damals beherrscht auch heute neben dem Amtshaus das während der Jahre 1768 bis 1786 aus den Brandruinen wiedererstandene RATHAUS den Platz. Dieser einfache, klar gegliederte zweistöckige Bau mit einem kleinen Turm über dem Renaissanceportal wird von zwei Erkern geziert, die nach den Inschriften von dem 1426 erbauten, 1624 zum ersten Male abgebrannten alten Rathaus stammen sollen. An die Brände der Vergangenheit und den großen Stadtbrand von 1752 erinnern einige Inschriften in lateinischer Sprache. Die Berghenne fehlt auch hier nicht. Unter dem hohen Mansardendach befand sich früher der ›Tuchboden‹, auf dem die Tuchmacher während der Märkte ihre Waren ausbreiteten und verkauften. Das Rathaus war Goethes Wirkungsstätte als Vorsitzender der Bergwerks- und der Steuerkommission. Ungezählte Male ist er in dieser Eigenschaft dort ein- und ausgegangen.

Die Marktstraße hinunter gelangt man zur STADTKIRCHE ST. JAKOB, deren Wiederaufbau nach 1752 noch Krohne konzipiert hatte, mit dem aber erst 1760 unter der Leitung des Eisenacher Landbaumeisters Straßburg begonnen wurde. Das Innere der Kirche, in dem die Farben Weiß, Grün und Gold vorherrschen, überrascht durch seine schlichte Schönheit und kann als ein charakteristisches Beispiel für die Abkehr vom Rokoko und die Hinwendung zu den einfachen Formen der Antike gelten. Auch der hölzerne Kanzelaltar läßt ungeachtet seiner reichen Schnitzereien in der Gestaltung der Pilaster, Säulen und Kapitelle schon auf ein Anknüpfen an antike Vorbilder schließen.

Das der Kirche gegenüberliegende HAUS MARKT-/ECKE KARL-ZINK-STRASSE erinnert mit einer Gedenktafel an einen Aufenthalt von Goethes langjährigem Mitarbeiter Johann Peter Eckermann im Jahre 1854. Wenige Schritte weiter führen zur alten STADTAPOTHEKE. Das Gebäude, am Ende des 17. Jahrhunderts errichtet, ist nach dem Stadtbrand als schlichter, wohlausgewogener Zweckbau wiedererstanden.

Auf der gegenüberliegenden Seite befindet sich die Gaststätte ›SÄCHSISCHER HOF‹, an deren Stelle von 1610 bis 1867 das ›Posthaus‹, die Thurn-und-Taxissche Poststation, stand. Goethe wohnte hier, als er 1784 zur Eröffnung des Bergbaus nach Ilmenau gekommen war. Im Saal des ›Posthauses‹ hielt er vor den Honoratioren der Stadt seine Eröffnungsrede. Im ›Posthaus‹ logierte Charlotte von Stein, als sie im Juli 1776 Goethe in Ilmenau besuchte. Auch Corona Schröter, Weimars gefeierte Schauspielerin und Sängerin, wohnte, nachdem sie sich entschlossen hatte, ihren Lebensabend in Ilmenau zu verbringen, im ›Posthaus‹. Eine Gedenktafel zwischen den Fenstern des Zimmers, in dem sie gewohnt haben soll, erinnert an ihren Aufenthalt in Ilmenau.

In der nach links weiterführenden heutigen Ernst-Thälmann-Straße steht mit der Haus-Nr. 11 das ehemalige KRANNICHSCHE HAUS, das zur Goethezeit der Rätin Blumröder gehörte. Goethe wohnte hier vom 26. August bis 1. September 1813, als er, einer Einladung Karl Augusts folgend, in Ilmenau seinen 64. Geburtstag feierte.

Goethes Tagebuch läßt die Fülle der Themen erkennen, die ihn während dieses Aufenthaltes beschäftigten. Am 27. August hatte er morgens Spinoza gelesen und im Forsthaus Erhitzungsversuchen zugesehen, die Professor Döbereiner aus Jena anstellte. Danach ritt er mit dem Herzog nach den Kammerlöchern bei Martinroda und kehrte über Geraberg und Elgersburg, wo er die Massenmühle und die Steingutfabrik besichtigte, nach Ilmenau zurück. Obwohl er sechs Stunden zu Pferde gewesen war, fuhr er am Nachmittag nach dem Grenzhammer, um dort die Gußhammerarbeit und das Erhitzen von Wasser durch Schlacken zu beobachten.

Über den Verlauf des Geburtstages schrieb Goethe an seine Frau Christiane: »Ich wachte zeitig auf, ohne mich des Tags zu erinnern. Ein Kranz mit

Glückauf! von Bergrat Voigt ... erinnerte mich erst; ich war noch nicht angezogen, als ich Durchlaucht den Herzog, den Prinzen und Gefolge herankommen sah, und eilte auf der Straße entgegen. Da gab es freundliche Begrüßungen, und kaum waren sie auf meinem Zimmer, ... so traten drei hübsche Mädchen herein, jede einen Krug haltend; sie rezitierten ihre Gedichte gar hübsch, und als die letzte mir den Kranz aufsetzte, küßte ich sie gar behaglich und holte es bei den andern nach. [–] Und so war unerwartet ein sehr artiges, mannigfaltiges, wohlgemeintes, ja rührendes Fest entstanden, wo ich im Sürtout und ohne Halsbinde figurierte.«

Am 29. August ritt Goethe wiederum mit Karl August und dessen Gefolge durch Täler und Wälder. Der Kickelhahn, der große Hermannstein und das Jagdhaus Gabelbach wurden besucht. Den Abend verbrachte Goethe als Gast beim Ball im Saal des neuerbauten ›Felsenkellers‹. Während er dem frohen Treiben zusah, waren seine Gedanken bei Christiane in Weimar. Am anderen Tage schrieb er ihr: »Abend Ball auf dem sehr wohlgebauten Felsenkeller-Saal, wo ich Euch auch wohl hätte mögen herumspringen sehen. Das alles ist mir wohl bekommen, und ich habe auch schon gute Gedanken gehabt.«

An der Stelle des heutigen Postamts in der unweit vom Krannichschen Haus gelegenen Poststraße stand zur Goethezeit das ALTE RECHNUNGSAMT, in dem der Sekretär der Bergwerkskommission, Johann Karl Wilhelm Voigt, lebte. Goethe war mehrere Male, wenn ihn die Sorge um den Fortgang der Bergwerksangelegenheiten nach Ilmenau führte, Voigts Gast und wohnte dann bei ihm.

Die ALTE OBERFÖRSTEREI, das jetzige Haus August-Bebel-Straße 20, war ursprünglich ein vorgelagertes Nebengebäude des Ilmenauer Schlosses. Auch hier hat Goethe wiederholt gewohnt. Am 28. August 1813 fand im Forsthaus auf Einladung des Herzogs die festliche Mittagstafel zu Goethes Ehren statt. Und auch zu Goethes letztem, dem 82. Geburtstag, wurde hier die Festtafel ausgerichtet.

Vom Platz der Widerstandskämpfer führt rechts die Straße ›Am Mühlgraben‹ zum HOTEL ›ZUM LÖWEN‹ am ehemaligen ›Endleich‹, der heutigen Lindenstraße. Der Gasthof ›Zum Löwen‹ beherbergte Goethe, als er am 30. Oktober 1796 nach Ilmenau kam, um die Ursachen für den Bruch des Martinrodaer Stollens zu untersuchen und die Aufwältigungsarbeiten zu leiten.

Am heutigen Hotel ›Zum Löwen‹ erinnern Gedenktafeln an Goethes Aufenthalte und daran, daß er hier am 28. August 1831 seinen letzten Geburtstag gefeiert hat. Goethe war nach Ilmenau gefahren, um den Geburtstag in aller Stille zu verleben. Zur Begründung schrieb er an Karl Friedrich

Reinhard: »Die diesmal sehr gesteigerte Feier des 28. August, welche zu dämpfen ich kein Recht hatte, glaubte ich nicht in der Nähe bestehen zu können.« Und weiter: »um die Geister der Vergangenheit durch die Gegenwart der Herankommenden auf eine gesetzte und gefaßte Weise zu begrüßen«, habe er die beiden Enkel Wolfgang und Walther mitgenommen. Am 27. August besuchte Goethe den Kickelhahn und das Jagdhaus Gabelbach und fuhr die Straße bis zum Gasthof ›Auerhahn‹. Über den Verlauf des 28. August hat er ins Tagebuch eingetragen: »Heiterer Sonnenschein, doch wolkig.... Früh nach fünf aufgestiegen. Mit Wölfchen gefrühstückt. Der gute Walther setzte sein Morgenschläfchen fort. Der Stadtmusikus brachte ein Ständchen. Fünfzehn Frauenzimmerchen in weißen Kleidern, ein Gedicht und Kranz auf einem Kissen bringend. Herr von Fritsch, welcher gestern abend angekommen war. Rentamtmann Mahr. Gegen 8 Uhr fuhren alle in zwei Chaisen nach Elgersburg. Auf dem unbequemen, aber sehr interessanten Wege über Roda. Die Kinder sahen die Porzellanfabrik. Wir fuhren auf die Massenmühle, welche zwischen Felsen ein allerliebstes Bildchen macht. Auch wurde auf dem Weg dahin der Widerschein des Schlosses im Teiche nicht versäumt. In Elgersburg trafen wir wieder auf die Kinder, die das Schloß noch besehen wollten. Wir fuhren über Martinroda zurück; begrüßten unterwegs die dicke Eiche, die ich nun schon bald sechzig Jahre kenne. Zu Mittag Herr von Fritsch, Mahr, die Kinder. Nach Tische die Herren Justizamtmann Schwabe, Superintendent Schmidt, Burgmeister Conta. Herr von Fritsch und Mahr fuhren mit den Kindern nach der langen Wiese zum Vogelschießen.... Gegen Abend lebhaftes, aber kurzdauerndes Gewitter.... Um halb acht jene zurück. In der Nacht brachten die Bergleute ein Ständchen. Vorher war ein Bote von Weimar mit allerlei Sendungen gekommen.«

An Johann Jakob und Marianne von Willemer schrieb Goethe über seinen letzten Geburtstag und den Aufenthalt in Ilmenau: »Die Feier meines Geburtsfestes war diesmal zu meiner Beschämung brillant. Ich, der ich es voraussah, entzog mich in ein heiteres Bergstädtchen am Thüringer Walde, wo ich vor vierzig-fünfzig Jahren manches Erfreuliche und Leidige, soviel Glückliches als Widerwärtiges erlebt hatte, welches nur durch eine grenzenlose Tätigkeit allenfalls ins Gleiche zu bringen war und wo doch gar vieles geschah, dessen Wirkungen noch sachte umherschleichen.«

Am Gasthof ›Zum Löwen‹ befand sich früher das 1562 erbaute ENDLEICHTOR, eines der vier Ilmenauer Stadttore. 1788 mußte es niedergelegt werden. Reste des Turmes wurden in das dem ›Löwen‹ gegenüberliegende Haus eingebaut. 1925 hatten auch diese Turmreste einem Umbau zu weichen. Heute sind nur noch zwei vom Endleichtore stammende Wappen, das alte Henneberger Wappen und das Stadtwappen, zu sehen.

Das Endleich, die heutige LINDENSTRASSE, war zur Zeit Goethes die Vorstadt nach dem Walde zu und verband die Stadt mit den Schmelzöfen, Hütten- und Bergwerken. 1784 regte Goethe die Bepflanzung der Straße mit Linden an.

Breit und behäbig liegt dem ›Löwen‹ schräg gegenüber das WENZELSCHE HAUS, die alte kursächsische Posthalterei. Eine Gedenktafel erinnert daran, daß Karl Ludwig von Knebel, Goethes ›Urfreund‹, von 1798 bis 1805 darin gewohnt hat.

Die Lindenstraße endet an dem früheren GASTHOF ›ZUR TANNE‹. Dieser traditionsreiche, weit vor der Stadt liegende Gasthof hat alle Stadtbrände überstanden. Einst gab es hier eine Furt durch die Ilm, an deren Stelle die ›Tannenbrücke‹ trat. Die alte ›Hohe Straße‹ führte von hier über das Gebirge nach Schleusingen und Meiningen und weiter nach Würzburg und Nürnberg. Als Ausspanne hat die ›Tanne‹ in der Geschichte der Stadt eine bedeutende Rolle gespielt.

Von der Lindenstraße zweigt links vom Wenzelschen Hause die kleine, enge, ansteigende Gasse AM TREPPENSCHACHT ab. Der Name ist entstanden, weil sich am Ende der Gasse ein Schacht befand, in den Treppen hinabführten. Hier begann in etwa 105 m Tiefe der Martinrodaer Stollen. Nicht weit entfernt lagen am Abhang der Sturmheide die Schächte ›Güte Gottes‹, ›Gott hilft gewiß‹, ›Herzog Wilhelm Ernst‹ und ›Gottesgabe‹. Sie dienten im 18. Jahrhundert teils als Kunstschächte zur Wasserhaltung der Gruben, teils zur Förderung von Erz und Gestein. Die vom Schacht ›Gottesgabe‹ aus vorgetriebenen Stollen erstreckten sich in etwa 130 m Tiefe auf der einen Seite bis zum Treppenschacht, auf der anderen bis zur Marktstraße und zur Kirche und bis unter die Sturmheide.

Am Ende der Gasse Am Treppenschacht führt rechts der Wenzelsberg bis zur Karl-Zink-Oberschule am Zwetschenberg. Hier erhebt sich die ERDMANNSHALDE, die beim Abteufen des Schachtes ›Gottesgabe‹ entstanden ist. Am UNTEREN BERGGRABENWEG steht, an den Hang gebaut, das ebenerdige HAUS NR. 4, eines der letzten alten Bergmannshäuser. Es zeigt anschaulich, wie kärglich das Leben der Bergleute gewesen sein muß. Dicht neben diesem Bergmannshaus führt ein schmaler gepflasterter Weg, den der Volksmund noch heute ›Gänsegurgel‹ nennt, aufwärts zur Straße Am Zechenhaus. Unmittelbar hinter dem Bergmannshaus steht die in der Mitte des 17. Jahrhunderts errichtete BERGMANNSKAPELLE. Nur wenige kennen noch die alte Bestimmung des kleinen Gebäudes, dessen hohes Dach früher von einem Türmchen gekrönt war, in dem die Glocke die Bergleute zur Schicht rief.

Am oberen Ende der Straße Am Zechenhaus liegt das ZECHENHAUS, das zu den ältesten Gebäuden der Stadt gehört. Vom Brande 1752 blieb es dank seiner abgeschiedenen Lage verschont. 1691 errichtet, diente es dem Bergamt als Verwaltungsgebäude. Auch zur Zeit Goethes hatte die Bergverwaltung ihren Sitz im Zechenhaus, ungezählte Male ist Goethe als Leiter der Bergwerkskommission hier ein- und ausgegangen.

Vom Zechenhaus führt die Neue Marienstraße weiter zur einstigen Betriebsstätte der PORZELLANFABRIK ›GRAF VON HENNEBERG‹. Goethe besuchte die 1777 gegründete Porzellanmanufaktur am 17. März 1779 zum erstenmal. Bei späteren Besuchen im Juni und Juli 1781 bemalte er mit großem Vergnügen selbst Tassen und Blumentöpfe. In einem Brief an Charlotte von Stein heißt es darüber: »Die Tasse, die beikommt, hab ich Dir gemalt, ich wünschte, die Masse des Porzellans wäre besser, ich habe eine kindische Freude dran gehabt . . . Wenn ich einmal Rothbergisches Porzellan haben kann und nur noch ein wenig Übung, so soll auch das Beßre Dein sein. Ich denke drauf, Dir ein paar Blumenkrüge zu malen.«

Nur etwa 400 Meter von der ehemaligen Prozellanfabrik entfernt, liegt an der Straße nach Erfurt die HALDE DES SCHACHTES ›NEUER JOHANNES‹, mit dessen Abteufen man am 24. Februar 1784 begonnen hatte. Ein 1984 errichteter Gedenkstein erinnert an diesen für Ilmenau bedeutsamen Tag. Am 3. September 1792 konnte aus einer Tiefe von 235 m die erste Tonne Schiefer gefördert werden. Bergrat Voigt berechnete, daß eine halbjährige Förderung von 72 072 Zentnern möglich sein müsse. In vollem Betrieb sollte der Schacht einen jährlichen Reingewinn von 6000 Reichstalern bringen. Von all diesen Berechnungen, Plänen und Hoffnungen wie von der harten Arbeit der Bergleute ist nur diese Halde geblieben. Am 22. Dezember 1966 stürzte die lange verschüttete Schachtöffnung ein und wurde damit wieder sichtbar.

Gegenüber der Porzellanfabrik kann durch einen Seiteneingang der FRIEDHOF betreten werden, in dessen unterem Teil nahe dem Haupteingang sich schöne Grabdenkmale aus Sandstein befinden, die an Zeitgenossen Goethes erinnern. Neben den Grabdenkmälern des Gold- und Silberschmiedes Häcker und des Bergrats Voigt ist das GRAB CORONA SCHRÖTERS besonders hervorzuheben, die einundfünfzigjährig 1802 in Ilmenau verstarb. Goethe schrieb darüber in den ›Tag- und Jahresheften‹: »Indes nun auf unserer Bühne die Kunst in jugendlich lebendiger Tätigkeit fortblühte, ereignete sich ein Todesfall, dessen zu erwähnen ich für Pflicht halte. Corona Schröter starb . . .« Weiter erinnerte er daran, daß er Corona Schröter viele Jahre zuvor in dem Gedicht ›Auf Miedings Tod‹ ein Denkmal errichtet hatte:

Ihr Freunde, Platz! Weicht einen kleinen Schritt!
Seht, wer da kommt und festlich näher tritt!
Sie ist es selbst – die Gute fehlt uns nie –,
Wir sind erhört, die Musen senden sie.
Ihr kennt sie wohl; sie ist's, die stets gefällt:
Als eine Blume zeigt sie sich der Welt.
Zum Muster wuchs das schöne Bild empor,
Vollendet nun, sie ist's und stellt es vor.
Es gönnten ihr die Musen jede Gunst,
Und die Natur erschuf in ihr die Kunst.
So häuft sie willig jeden Reiz auf sich,
Und selbst dein Name ziert, Corona, dich.

Nach Verlassen des Friedhofs überquert man die Erfurter Straße und erreicht die OBERTHORSTRASSE, die zurück zum Marktplatz führt. Der Name erinnert daran, daß hier die alte Stadt mit dem Obertor, dem Erfurter Tor, endete. Das HAUS NR. 5 hat Johann Gottfried Herder bei seinen Besuchen in Ilmenau beherbergt. Herder war mehrere Male mit seiner Familie in Ilmenau. Begeistert schrieb er 1780 nach seinem ersten Besuch an Johann Georg Hamann: »Die Gegend ist so herrlich, die Luft so leicht und rein, Berge, Täler und die Fichtenwälder, die auf jenen zum Himmel steigen, so erquickend . . . , daß wir oft sagen: Hier ist gut sein, hier laßt uns [Hütten bauen].«

Kurz bevor die Oberthorstraße den Marktplatz erreicht, liegt links das EINGANGSTOR ZUM EHEMALIGEN AMTSGARTEN. Dieser alte, große und schöne Garten reichte früher bis zu den sogenannten Herrenscheunen, die an der jetzigen Münzstraße liegen. Die heute dazwischenliegende Amtsstraße entstand erst im 19. Jahrhundert. Vom Fenster seines Zimmers im Amtshaus aus zeichnete Goethe 1776 die Ruine der alten Wasserburg, die damals noch im Amtsgarten lag. Diese Burg hatten die Grafen von Käfernburg am Beginn des 14. Jahrhunderts errichtet und 1343 samt der Stadt an die Grafen von Henneberg verkauft. Der Dreißigjährige Krieg verwüstete mit großen Teilen der Stadt auch die Burg. Danach wird sie nur noch »ein gering Wohnhaus« genannt, »darinnen sich der Landsknecht [d. h. der Gerichtsdiener] behelfen kann«. Das »geringe Wohnhaus« diente bis zum Neubau des Amtsgerichtes, des heutigen Volkspolizei-Kreisamtes, als Amtsgefängnis und Aufseherwohnung.

Wanderweg ›Auf Goethes Spuren‹

Der Goethe-Wanderweg führt vom Amtshaus in Ilmenau zum Goethehaus in Stützerbach. Er hat eine Gesamtlänge von 18 Kilometern und kann von Ilmenau, Manebach oder Stützerbach aus auch in Teilabschnitten begangen werden. Ohne Schwierigkeiten ist er zu Fuß, mit Omnibus oder Bahn von Frauenwald und Schmiedefeld her zu erreichen. Der Weg berührt landschaftlich besonders reizvolle Stellen und macht mit historischen Gebäuden und Erinnerungsstätten bekannt, die Goethes Interesse erweckten oder die eine besondere Rolle in seinem Leben spielten. An markanten Punkten finden sich Erläuterungstafeln. In den wichtigsten Orten orientieren Tafeln über den Verlauf des Weges. Als Markierungszeichen wurde das von Goethe im Schriftverkehr oftmals als Abkürzung seines Namens gebrauchte ›G‹ gewählt.

Vom Ilmenauer MARKT führt der Goethe-Wanderweg durch die Oberthorstraße zum FRIEDHOF und durch dessen oberen Ausgang zur alten PORZELLANFABRIK, entlang der Erfurter Straße bis zur HALDE DES SCHACHTES ›NEUER JOHANNES‹, danach durch die Neue Marienstraße weiter zum ZECHENHAUS und von dort hinauf zur STURMHEIDE, die links in die Straße MITTLERER BERGGRABEN einmündet.

Die Berggräben – neben dem mittleren gab es einen oberen und einen unteren – wurden in den letzten Jahrzehnten des 17. Jahrhunderts angelegt. Sie dienten der Versorgung der Schächte und Hütten mit dem wichtigsten Energieträger, dem Aufschlagwasser für die Wasserräder.

Der untere Berggraben kam aus der Ilm unterhalb des Manebacher Teiches. Er verlief neben und oberhalb der heutigen Fernverkehrsstraße. Seine Wasser wurden zunächst den Rädern der Schmelzhütte zugeführt und liefen dann zu den ›Künsten‹ der unteren Schächte, wie z. B. des Schachtes ›Gottesgabe‹.

Der obere Berggraben begann am mittleren Freibachteich. Entlang den Seitentälern (Meyersgrund, Hirsch- und Moosbachgrund) führte er hoch über Manebach entlang zur Sturmheide und von dort durch einen Stollen zu den auf der Rodaer Seite gelegenen Schächten. Der obere Berggraben war ganz mit Brettern ausgeschlagen und wurde auch zum Flößen des für den Bergbau notwendigen Holzes genutzt.

Der mittlere Berggraben zweigte in der Nähe der heutigen Gaststätte ›Meyersgrund‹ aus der Ilm ab und zog sich durch den oberen Teil von Manebach und an der Schwalbensteiner Wand entlang bis nach Ilmenau. Gespeist wurde der mittlere Berggraben, dessen voller Ausbau erst 1713 abgeschlossen war, durch Freibach und Ilm mit dem Wasser des unteren Freibachteiches, dessen mächtiger durchbrochener Damm heute noch zu sehen ist. Goethe ließ den seit nahezu fünfzig Jahren trockenliegenden Berggraben ausbessern und bis zum Johannesschacht weiterführen. Im Spätherbst 1785 waren die Arbeiten abgeschlossen, der Graben war voll betriebsfähig und auf insgesamt 9336 m verlängert. Voller Freude über das Gelingen dieser für den künftigen Betrieb so wichtigen Arbeiten schrieb Goethe am 8. November an Charlotte von Stein: »Ich habe heute einen großen Spaziergang gemacht, den ganzen Graben hinauf, wo mir die Wasser, die das Werk treiben sollen, entgegenkamen und zum erstenmal wieder seit vielen Jahren diesen Weg machten.«

Die Erinnerungen an die damaligen Mühen und Anstrengungen mögen es gewesen sein, die Goethe bei seinem letzten Besuch in Ilmenau wünschen ließen, »nach dem mittleren Berggraben begleitet zu sein«. Rentamtmann Mahr berichtet: »Er ging nicht weit, erwähnte aber mit sichtbarer Freude die herrliche Aussicht, welche, wie selten an einem anderen Orte, mit so geringer Mühe erreicht werden könne. Dabei erinnerte er sich genau, daß dieser Berggraben bei weiterem Verfolg wohl in die Nähe des ›stillen friedlichen‹ Schwalbensteins führe.«

Diese »herrliche Aussicht« gewährt der mittlere Berggraben noch heute. Wie die anderen Berggräben wurde er in der zweiten Hälfte des vergangenen Jahrhunderts aufgefüllt und ist damit zu einem Wanderweg geworden, der reizvolle Blicke auf das alte ›Bergnest‹ Ilmenau bietet. Deutlich erkennt man, wie die Stadt sich seit dem 19. Jahrhundert ausgedehnt hat, wie sie vor allem in den letzten Jahrzehnten gewachsen ist.

Nach etwa 20 Minuten verläßt der Goethe-Wanderweg den mittleren Berggraben und führt rechter Hand, anfangs steil ansteigend, zum OBEREN BERGGRABEN. Dort biegt er schon nach etwa 75 Metern halbrechts ab. Durch Buschwerk, durch Hochwald und junge Fichtenbestände geht es aufwärts. Immer wieder überraschen die Ausblicke in Nähe und Ferne. Zurück über Ilmenau kann der Blick in die Weite des Vorlandes schweifen, voran leuchten die Dächer von Manebach aus dem Grund. Auf der gegenüberliegenden Talseite grüßen die Hohe Schlaufe und der alles überragende mächtige Buckel des Kickelhahns.

Bald ist der steilaufragende SCHWALBENSTEIN erreicht. In seinem Tagebuch berichtet Goethe, daß er am Abend des 11. August 1776 zum ersten Male den Schwalbenstein besuchte. Der hohe Porphyrfelsen mit dem wundervollen Blick ins Tal und auf die gegenüberliegenden Höhen hat ihn tief beeindruckt. Im März 1779 brachte ihn seine Tätigkeit als Leiter der Kriegskommission nach Ilmenau; er hatte die Rekrutenaushebung zu leiten und wollte die ›Iphigenie‹ vollenden. Im Tagebuch heißt es: »18. Nach Stützerbach. Auf den Kickelhahn, Ascherofen, Schwalbenstein. 19. Allein auf dem Schwalbenstein. Den 4. Akt der ›Iphigenie‹ geschrieben.« Wenige Tage zuvor, am 15. März, hatte er dem Freund Knebel drei Akte des Dramas mit der Bitte übersandt, sie Herder und Seckendorf vorzulesen, und ihm mitgeteilt: »Ich komme nicht eher von Ilmenau wieder, bis das Stück fertig ist.« Vollendet wurde die ›Iphigenie‹ allerdings erst am Abend des 28. März in Weimar. Im hohen Alter, 1831, diktierte Goethe nach dem Bericht seines langjährigen Sekretärs Riemer den Text folgender Inschrift: »Schwalbenstein bei Ilmenau. Sereno die, quieta mente [an einem heitern Tage, beruhigten Gemüts] schrieb ich nach einer Wahl von drei Jahren den vierten Akt meiner ›Iphigenia‹ an einem Tage.« Nach Riemer soll die alte Jagdhütte, die damals auf dem Schwalbenstein stand, diese Inschrift getragen haben. Heute steht dort wieder eine kleine Hütte, in der sich auf einer einfachen Holztafel die zitierte Inschrift findet. An der Felswand wurde vor mehr als hundert Jahren ein Medaillon mit dem Profil des jungen Goethe und eine Tafel mit den folgenden Zeilen aus der ersten Fassung des 4. Aktes der ›Iphigenie‹ angebracht: »Wem die Himmlischen viel Verwirrung zugedacht haben, wem sie den erschütternden, schnellen Wechsel von Freude und Schmerz bereiten, dem geben sie kein höher Geschenk als einen ruhigen Freund.«

Auf einem anfangs von Birken umsäumten Waldweg ist bald das SCHÖFFENHAUS, eine am Beginn unseres Jahrhunderts erbaute beliebte Raststätte, erreicht, die heute als Ferienheim dient.

Einer alten Handelsstraße folgend, die früher über den Mönchshof zur Schmücke und von dort mit vielen Querverbindungen nach Süddeutschland verlief, führt der Weg zur Bornwiese, aus der die MARIENQUELLE entspringt. Bänke laden zum Verweilen und Schauen ein. In der Ferne erblickt man das Saaletal bei Rudolstadt und Saalfeld mit seinen Kalkfelsen, Dörfern und grünen Fluren. Im Tale liegt, umrahmt von Bergen und Wäldern, der Manebacher Grund, gegenüber der Kickelhahn mit den hohen Wäldern an seinen Hängen. Ihm galten die Zeilen Goethes im ›Ilmenau‹-Gedicht:

> Wie kehrt ich oft mit wechselndem Geschicke,
> Erhabner Berg! an deinen Fuß zurücke.
> O laß mich heut an deinen sachten Höhn
> Ein jugendlich, ein neues Eden sehn!
> Ich hab es wohl auch mit um euch verdienet:
> Ich sorge still, indes ihr ruhig grünet.

Wenige Meter nach Eintritt der Straße in den Hochwald geht links ein schmaler Pfad schräg abwärts zum EMMASTEINFELSEN. Dieser ragte

Amtshaus Ilmenau

Porzellanmedaillon in Wedgwoodmanier, Ilmenau 1792

Goethezimmer
Goethezimmer, Teilansicht

Grabstätte von Corona Schröter auf dem Ilmenauer Friedhof

Knöpfelstaler Teich
Höhle am Großen Hermannstein
Mittlerer Berggraben
Jagdaufseherhütte (Goethehäuschen)
auf dem Kickelhahn
Blick über den Thüringer Wald
vom Kickelhahn

Goethe-Gedenkstätte Jagdhaus Gabelbach
rechte Seite oben links: Eingangshalle
oben rechts und unten: Obere Diele

Johann Wolfgang Goethe. Ölgemälde von Joseph Friedrich August Dabes, 1785, Kopie

Herzog Karl August. Ölgemälde von Johann Ernst Heinsius, 1790

linke Seite, obere Reihe:
Festsaal, Teilansicht
Zinngeschirr im Festsaal
mittlere Reihe:
Biedermeierschrank mit Porzellan
Thüringer Manufakturen
Goethezimmer
untere Reihe links: Schreibkammer
rechts: Schlafkammer
Festsaal
Herzogin Anna Amalia
mit ihren Kindern.
Gemälde von Johann Friedrich Löber,
1771

Hirtenwiese
Goethehaus Stützerbach

ɔoethezimmer
ɪnke Seite unten: Stollenschrank
ɪrbeitszimmer
ɩüche
ɩüche, Teilansicht

Museumsraum, Kostümpuppen
Glasmuseum

früher, ähnlich dem Großen Hermannstein, aus dem Wald heraus, ist heute aber von hohen Fichten umgeben, so daß sich von seiner Kuppe nur noch ein bescheidener Blick ins Ilmtal öffnet. Zur Zeit Goethes trug der Emmastein noch nicht diesen Namen. Als der Dichter in den Jahren 1776 und 1777 an den Berghängen gegenüber dem Großen Hermannstein wanderte und zeichnete, entstand eine Zeichnung, die einen Felsbrocken mit einem kümmerlichen Baum in bergiger Landschaft zeigt. Diese im Jagdhaus Gabelbach ausgestellte Zeichnung ist später ›Der Emmastein bei Manebach‹ genannt worden.

Vom Emmasteinfelsen geht der Weg steil und in zahlreichen Windungen abwärts. Beim Heraustreten aus dem Wald überrascht wiederum der Blick auf das im Tal liegende Manebach und auf die gegenüberliegenden bewaldeten Hänge.

Nach der Einmündung des durch Wiesen talabwärts führenden Weges in die Hauptstraße von Manebach sind es nur wenige Schritte nach links zum Haus Nr. 11, dem HAUS DES KANTORS zu Manebach. Oft und gern war Goethe hier zu Gast. »Manebach beim Kantor«, schrieb er am 29. August 1777 an Charlotte von Stein, »zwischen Gebürg und Fichtenwald hab ich heut abend gesessen und zeichnen wollen, aber es ging nicht.« Am 31. August heißt es: »Ich schicke Ihnen, was ich den 30. früh in des Kantors Gärtgen gezeichnet habe. Wunder dacht ich, was ich alles fertigen wollte, und nun ist das alles.« Das Tagebuch berichtet über den 29.: »Nach Tisch allein nach Manebach, unterwegs geschlafen an der Ilm, angekommen beim Kantor, auf seiner Wiese den Grund hinauf gezeichnet.« Und über den 31.: »Sonntags früh die Manebacher Zeichn. geendigt.«

Der Wanderweg folgt zunächst der Hauptstraße des Dorfes, überquert die Bahnlinie Ilmenau–Schleusingen und die entsprechende Fernstraße und steigt als schmaler Pfad auf der anderen Straßenseite zu dem Aussichtspunkt HELENENRUH an. Von hier aus hat man einen schönen Blick auf das zu Füßen liegende Manebach. Die gepflegten schiefergedeckten und -verkleideten Häuser zeugen vom Fleiß ihrer Bewohner, die alljährlich viele Tausende Erholungssuchende aufnehmen. Die diesseits der Straße liegenden Häuser gehören zum früheren Dorf Kammerberg, das 1920 mit Manebach vereinigt wurde.

Zur Goethezeit wurde hier Steinkohle gefördert. Die Kammerberger Steinkohlenschächte fanden rasch Goethes besonderes Interesse. Schon im Jahre 1776 hat er sie besucht. Später ist er mehrere Male mit Herzog Karl August und allein eingefahren. Im Amtshaus Ilmenau ist Goethes damals entstandene Zeichnung ›Mundloch des Kammerberger Stollens‹ zu sehen. Bis ins letzte Drittel des vergangenen Jahrhunderts waren die Kammerber-

ger Schächte in Betrieb. Über die schwere und mühselige Arbeit der Bergleute schrieb ein Zeitgenosse: »Die Stollen sind so niedrig, daß zuweilen die Bergleute auf einer Seite liegen müssen, um so mit der Hacke die Kohle loszubrechen, eine traurige Beschäftigung . . . Dann wird die gewonnene Kohle auf kleine Karren . . . geladen, welche sich die Bergleute an die Füße binden und so kriechend herauszerren.«

Der Weg geht bald auf einer alten Handelsstraße weiter, die früher an den Hängen des Ilmtals zum Kamm des Gebirges führte. Auf ihr gelangt man zum GROSSEN HERMANNSTEIN, einem weithin sichtbaren Porphyrfelsen, dessen an der Talseite gelegene Höhle Goethe oft als Herberge diente, in der er wohnte, arbeitete und zeichnete. Wiederum berichtet das Tagebuch, diesmal unter dem 7. Mai 1776: »Über Hermannstein, den Gabelbach, die Kohlenwerke nach Stützerbach.« Am 19. Juli heißt es: »Nach Tisch auf Manebach. Hermannstein. Zurück«, und am 22. Juli: »Gegen Mittag auf den Hermannstein.« An diesem Tage schrieb Goethe in der Höhle unter dem Hermannstein, »meinem geliebten Aufenthalt, wo ich möcht wohnen und bleiben«, an Charlotte von Stein: »Ich hab auf der andern Seite angefangen zu zeichnen, es geht aber nicht, drum will ich lieber schreiben . . . Es regnet scharf im tiefen Wald. . . .es ist über alle Beschreibung und Zeichnung. [–]Addio, ich will mich an den Felsenwänden und Fichten umsehn.« Später fuhr er fort: »Hoch auf einem weit rings sehenden Berge. Im Regen sitz ich hinter einem Schirm von Tannenreisen. Warte auf den Herzog, der auch für mich eine Büchse mitbringen wird. Die Täler dampfen alle an den Fichtenwänden herauf. NB. Das hab ich Dir gezeichnet.« Beigegeben war die Zeichnung ›Dampfende Täler‹, eine der schönsten Goethezeichnungen aus dem Thüringer Wald. Vom Abhang des Kickelhahns aus gibt sie den Blick nach dem Finsterberg, der Schmücke und den das Freibachtal umschließenden Höhen wieder.

Nur wenig später ging ein langgehegter Wunsch Goethes in Erfüllung. Am Abend des 5. August 1776 kam Charlotte von Stein auf der Rückreise von Meiningen nach Ilmenau, von wo sie am 7. nach Weimar weiterreiste. Am 6. August waren beide gemeinsam in der Höhle am Hermannstein. Schon am 8. August schrieb Goethe ihr nach Weimar: »Deine Gegenwart hat auf mein Herz eine wunderbare Würkung gehabt, ich kann nicht sagen, wie mir ist, mir ist wohl und doch so träumig. Zeichnen konnt ich gestern nicht. Ich saß auf Witzlebens Felsen, die herrlich sind, und konnt nichts hervorbringen . . . Heut will ich auf den Hermannstein und womöglich die Höhle zeichnen, hab auch Meißel und Hammer, die Inschrift zu machen, die sehr mystisch werden

Emmastein bei Manebach. Goethezeichnung, 1777

wird.« Die ›mystische‹ Inschrift, die Goethe am 8. August in die Wand der Höhle meißelte, war ein großes ›S‹, der Anfangsbuchstabe des Wortes Sonne, deren astronomisches Zeichen er in seinen Tagebüchern als Symbol für den Namen Charlottes benutzte.

Goethes Tagebuch weist aus, daß er am 29. August 1813 zum letzten Male in der Höhle am Hermannstein gewesen ist. Eindrücke, die er hier gewonnen hat, mögen die großartigen Naturschilderungen in der Szene ›Wald und Höhle‹ im ersten Teil des ›Faust‹ angeregt haben:

Und wenn der Sturm im Walde braust und knarrt,
Die Riesenfichte, stürzend, Nachbaräste
Und Nachbarstämme quetschend niederstreift
Und ihrem Fall dumpf hohl der Hügel donnert,
Dann führst du mich zur sichern Höhle, zeigst
Mich dann mir selbst, und meiner eignen Brust
Geheime, tiefe Wunder öffnen sich.

Vor vielen Jahrzehnten schon sind am Eingang der Höhle Schrifttafeln mit Charlotte von Stein gewidmeten Versen Goethes angebracht worden.

Vom Großen Hermannstein führt der Goethe-Wanderweg aufwärts zum Gipfel des KICKELHAHNS. Noch ehe dieser erreicht ist, steht am Wege das sogenannte GOETHEHÄUSCHEN, die Jagdhütte, an deren Wand Goethe am 6. September 1780 die unvergänglichen Verse geschrieben hat:

Über allen Gipfeln
Ist Ruh,
In allen Wipfeln
Spürest du
Kaum einen Hauch;
Die Vögelein schweigen im Walde.
Warte nur, balde
Ruhest du auch.

Am gleichen Tag schrieb er an Charlotte von Stein: »Auf dem Gickelhahn, dem höchsten Berg des Reviers, den man in einer klingernden Sprache Alecktrüogallonax nennen könnte, hab ich mich gebettet, um dem Wuste des Städtgens, den Klagen, den Verlangen, der unverbesserlichen Verworrenheit der Menschen auszuweichen. Wenn nur meine Gedanken zusammt von heut aufgeschrieben wären, es sind gute Sachen drunter. [–] Es ist ein ganz reiner Himmel, und ich gehe, des Sonnenuntergangs mich zu freuen.

Die Aussicht ist groß, aber einfach. [–] Die Sonne ist unter. Es ist eben die Gegend, von der ich Ihnen die aufsteigenden Nebels zeichnete, jetzt ist sie so rein und ruhig und so uninteressant als eine große schöne Seele, wenn sie sich am wohlsten befindet.«

Noch viele Male ist Goethe zum Kickelhahn gewandert oder geritten. Bei seinem letzten Besuch in Ilmenau im August 1831 fuhr er in Begleitung des Rentamtmanns Mahr »bei ganz heiterem Wetter über Gabelbach der Bergspitze zu ...« In Mahrs ausführlichem Bericht heißt es weiter: »Auf dem Kickelhahn angelangt, stiegen wir aus. Goethe ging ziemlich rüstig bis an die nach Ilmenau zu gelegene Aussichtsstelle und rief mehrmals ›Herrlich! Herrlich!‹ ... Hierauf sagte er: ›Das kleine Waldhaus muß hier in der Nähe sein? Ich kann zu Fuß dahin gehen, und die Chaise soll hier so lange warten, bis wir zurückkommen.‹ Goethe schritt trotz seines hohen Alters ziemlich rüstig über den mit Heidelbeeren bewachsenen Platz nach dem kleinen ... Forstschutzhäuschen ... Beim Eintritt in das obere Zimmer sagte Goethe: ›Ich habe in früherer Zeit einmal hier im Sommer mit meinem Bedienten acht Tage gewohnt und damals einen kleinen Vers an die Wand geschrieben. Wohl möchte ich diesen Vers noch einmal sehen ...‹ Sogleich führte ich ihn an das nach Süden zu gehende Fenster; da stand an der linken hölzernen Fensterbekleidung mit Bleistift ›Über allen Gipfeln ist Ruh ...‹ Goethe las diese Verse und schien tief bewegt. Ganz langsam zog er sein weißes Taschentuch aus seinem dunkelbraunen langen Tuchrock, trocknete sich die Tränen und wiederholte langsam und wehmütig: ›Ja, warte nur, balde ruhest du auch.‹ Dann schwieg er eine kleine Weile, überflog mit den Augen nochmals durch das südliche Fenster die schöne Waldaussicht nach Stützerbach zu und wandte sich mit den Worten nach mir: ›Nun wollen wir gehen‹.«

An den Altersfreund Karl Friedrich Zelter schrieb Goethe über diesen Besuch: »Sechs Tage, und zwar die heitersten des ganzen Sommers, war ich von Weimar abwesend und hatte meinen Weg nach Ilmenau genommen, wo ich in frühern Jahren viel gewirkt und eine lange Pause des Wiedersehens gemacht hatte. Auf einem einsamen Bretterhäuschen des höchsten Gipfels der Tannenwälder rekognoszierte ich die Inschrift ... des Liedes, das Du auf den Fittigen der Musik so lieblich beruhigend in alle Welt getragen hast:

›Über allen Gipfeln ist Ruh pp.‹

Nach so vielen Jahren war denn zu übersehen: das Dauernde, das Verschwundene. Das Gelungene trat vor und erheiterte, das Mißlungene war vergessen und verschmerzt.«

Die Jagdhütte, die Goethe bewohnt und an deren Wand er seine Verse geschrieben hat, ist 1870 abgebrannt. Auf den alten Grundmauern wurde sie

1874 wieder aufgebaut. Eine erhalten gebliebene innere Tür der alten Hütte ist in der Goethe-Gedenkstätte im Jagdhaus Gabelbach zu sehen.

Der AUSSICHTSTURM auf dem Gipfel des Kickelhahns stand zur Zeit Goethes noch nicht. Maria Pawlowna, die russische Zarentochter, die 1804 als Gattin des Erbprinzen Karl Friedrich nach Weimar gekommen war, hat 1852 bei ihrem Aufenthalt im Jagdhaus Gabelbach den Bau des Turmes angeregt. 1854 feierte die Ilmenauer Bürgerschaft seine Einweihung. 107 Stufen führen zu der 882 m über dem Meeresspiegel liegenden Plattform hinauf. Herrlich ist der Rundblick. Über Berge und Täler, über Wälder und Wiesen gleitet der Blick zu den Höhen des Gebirges und in die Weite des Thüringer Landes. An klaren Tagen können der Harz mit dem Brocken, der Ettersberg bei Weimar und die Gleichberge bei Römhild gesehen werden. In der Nähe erkennt man Schneekopf, Schmücke und Finsterberg, Schwalbenstein und Marienquelle.

Eine knappe Viertelstunde bergab führt der Weg zur

Goethe-Gedenkstätte Jagdhaus Gabelbach

Das Jagdhaus ist ein schlichter, in seinen Proportionen ausgewogener spätbarocker Zweckbau. Im Sommer 1783 wurde das Haus, für das der Hofbaumeister Friedrich Rudolph Steiner den Entwurf geliefert haben dürfte, in aller Eile erbaut. Karl August erwartete damals den Herzog von Kurland als Gast in Weimar und als Jagdgesellen in den Wäldern um den Kickelhahn. Die alte, unter Karl Augusts Großvater, Herzog Ernst August, in der Nähe errichtete Jagdunterkunft erschien ihm für diesen Besuch zu bescheiden, er befahl deshalb den Neubau. Die erforderlichen Bausteine wurden am Kikkelhahn gebrochen, das Holz in den umliegenden Wäldern geschlagen, andere Baumaterialien aus der Ruine des Ilmenauer Schlosses gewonnen. Nach Goethes und Karl Augusts Tod, die häufige Gäste im Jagdhaus Gabelbach waren, ist es kaum noch benutzt worden. August Trinius schrieb über den Zustand des Hauses im letzten Viertel des vergangenen Jahrhunderts: »Jetzt ruft der Bau einen recht trübseligen Eindruck hervor. Die Möbel, dem Geschmack des vergangenen Jahrhunderts entsprechend, sind zum größten Teile nach den Schlössern drunten im Lande gewandert. Ratten und Mäuse verlustieren sich jetzt darinnen, und der Verfall dieser immerhin literaturgeschichtlichen Stätte schreitet unaufhaltsam weiter.« Das Verdienst, diesen Verfall aufgehalten zu haben, muß der ›Gabelbach-Gemeinde‹ zugeschrieben werden, einer in den Jahrzehnten vor der Jahrhundertwende entstandenen feuchtfröhlichen Gemeinschaft von Ilmenauer Honoratioren. Die ›Gabelbach-Gemeinde‹ mietete das Haus 1910 von der Großherzoglichen Schatullverwaltung und tat manches für seine Erhaltung. Während der Jahre des demokratischen Neuaufbaus schufen die im Kulturbund vereinigten Ilmenauer Goethefreunde dort ein kleines, vom Rat des Kreises Ilmenau betreutes Museum. Heute wird das Jagdhaus, das 1968–1970 restauriert und als Goethe-Gedenkstätte eingerichtet wurde, von den Nationalen Forschungs- und Gedenkstätten der klassischen deutschen Literatur in Weimar verwaltet.

In der mit Sandsteinplatten ausgelegten EINGANGSHALLE verweisen zahlreiche Jagdtrophäen, darunter Rehkronen, Hirschgeweihe, Wildschweinköpfe und balzende Auerhähne, auf die alte Bestimmung des Hauses. Eine eisenbeschlagene Jagdtruhe mit der Jahreszahl 1703 erinnert daran, daß die Weimarer Herzöge schon vor der Zeit Goethes gern um den Gabelbach und am Kickelhahn jagten. Herzog Ernst August gab Tausende von Talern für den Bau von Jagdhäusern und die Unterhaltung der Brunstplätze, Wildfütterungen, Pirschhütten, Wege und Schneisen aus. Die von ihm geschaffenen Jagdanlagen am Gabelbach, auf dem Kickelhahn, dem Lindenberg und anderen Orten hat auch Karl August für seine ausgedehnten Jagden im Gebiet um Ilmenau genutzt. Gejagt wurde vorwiegend Rot- und Auerwild, d.h. Hirsche und Rehe, Auer- und Birkhühner.

Goethe vermochte Karl Augusts Jagdleidenschaft nicht zu teilen. Nicht das erlegte Wild war ihm der Gewinn der Jagdausflüge, die Eindrücke waren es, die Natur und Landschaft ihm vermittelten und die er oftmals zeichnerisch festzuhalten suchte. Ein Brief an Johann Heinrich Merck, den er 1776 aus Ilmenau geschrieben hat, bringt das deutlich zum Ausdruck: ». . . der Herzog geht auf Hirsche, ich auf Landschaften aus, und selbst zur Jagd führ ich mein Portefeuille mit.« Goethes Vorbehalte gegenüber bestimmten Jagdgewohnheiten der Zeit sprechen auch aus seinen Worten: »Reget sich was, gleich schießt der Jäger. Ihm scheinet die Schöpfung,/ Wie lebendig sie ist, nur für den Schnappsack gemacht.«

Eine Farblithographie nach der Zeichnung des langjährigen Burghauptmanns der Wartburg Bernhard von Arnswald stellt das Jagdhaus oder, wie es manchmal genannt wurde, das ›Jagdschloß Gabelbach‹ am Beginn der dreißiger Jahre des 19. Jahrhunderts vor.

Das Titelblatt der 1750 geschaffenen Kupferstichreihe ›Wie alles Hoch- und Niederwild samt des Feder-Wildbrets auf verschiedene Weise . . . gefangen wird‹ von Johann Elias Ridinger macht auf weitere Kupferstiche des Künstlers aufmerksam, die zusammen mit Jagdtrophäen im TREPPEN-

AUFGANG Platz gefunden haben. Der ersten Sammelausgabe seiner Jagdbilder gab Ridinger den Titel ›Vollkommene und gründliche Vorstellung ... der edlen Jagdbarkeit‹. Er hat etwa 1600 Kupferstiche, Radierungen und Schabkunstblätter hinterlassen, die mit hervorragender Meisterschaft Jagdbeuten und Jagdsitten sowie die jagdbaren Tiere seiner Zeit darstellen.

An der linken Wand der OBEREN DIELE werden die Organisation der Jagd und die Jagdgewohnheiten des Weimarer Hofes vorgestellt. Ridingersche Stiche vermitteln anschauliche Bilder der Parforcejagd und balzender Auerhähne. Briefe des Oberforstmeisters und Kammerherrn August Wilhelm Ferdinand von Staff und der ihm unterstellten Wildmeister geben Aufschlüsse über die Vorbereitungen zur Jagd und über den Wildbestand um den Gabelbach. So forderte Staff 1778 die Wildmeister auf, über balzende Auerhähne zu berichten. Wildmeister Oettelt beschrieb am 30. September 1780 den Standort von 16 Hirschen mit 8 bis 16 Enden in Begleitung von vielen Stück Wildbret, die er am Steinbach, am Höllenkopf, am Großen Kesselkopf und anderswo beobachtet hatte. Ein kleines, 1835 entstandenes Ölgemälde, das der Maler Karl Scholz ›Im Jägerhaus‹ nannte, ergänzt in reizvoller Weise die Dokumente. Zwei Abschußtafeln aus dem Jahre 1778 feiern Karl August als erfolgreichen Jäger, der Hirsche mit 14 und 12 Enden erlegt hat. Die Vitrine darunter enthält Jagdgewehre, eine Jagdtasche und Pulverhörner aus dem 18. Jahrhundert.

Links vom Fenster ist der 1783 gezeichnete Plan der alten Jagdanlage am Gabelbach und der Vorschlag des Standorts für ein neues Gebäude zu sehen. Die Anweisungen des herzoglichen Schatullverwalters Friedrich Justin Bertuch und des Hofbaumeisters Steiner zum Bau und zur Einrichtung des neuen Hauses belegen die Eile, mit der die Arbeiten betrieben wurden, und auch die Sparsamkeit, die dabei walten mußte. So wies Bertuch an, daß billige weißgrüne Stoffe für die Vorhänge und Bezüge verwendet werden sollten, weil »weiße Leinwand zu teuer« sei. Die Mehrzahl der Möbel wurde aus dem Herrenhaus Thangelstedt bei Blankenhain und aus anderen Herrenhäusern herbeigeholt. Einige von ihnen waren so schadhaft, daß sie zur Auktion bestimmt oder für die Wohnung des Verwalters der Porzellanmanufaktur in Ilmenau ausgesondert wurden. Steiner legte fest, daß die Möbel an Ort und Stelle überarbeitet werden und die Spiegel »hübsch ausgekehlte Rahmen« erhalten sollten. Entsprechend dem Geschmack der Zeit und dem Charakter des Hauses ließ man alles grünweiß streichen. Belegzettel über die Auszahlung von Sondervergütungen an Oberforstmeister von Staff und Wildmeister Oettelt als Anerkennung für die geleistete Arbeit – sie sind rechts vom Fenster zu sehen – beweisen, daß das Haus zur Zufriedenheit des Bauherrn ausgefallen sein muß. Goethe ersuchte mit einem ›Ergebensten Promemoria‹

vom 20. Oktober 1783 den Herzog, den neuerbauten ›Herrenweg‹ von Ilmenau nach Gabelbach für die öffentliche Nutzung freizugeben. Dieses Blatt macht einmal mehr deutlich, wie sehr Goethe das Denken im Interesse der Allgemeinheit selbstverständlich war.

Das herzogliche Fourierbuch belegt für den 29. September 1783 eine fürstliche Tafel auf dem Gabelbach, zu deren Gästen neben dem Herzog von Kurland auch Karl Augusts Gemahlin Luise gehörte, die mit ihrem Gefolge in Ilmenau übernachtete. Ein Brief Karl Augusts aus Gabelbach berichtet der Herzoginwitwe Anna Amalia über diese Tage und enthält die Bitte, die Jagdgesellschaft im Weimarer Wittumspalais zu empfangen. Bertuch verbuchte als Kosten für das Hoflager in Gabelbach, »soviel davon auf die fürstliche Schatulle kommt«, mehr als 1000 Taler. Goethe fehlte unter den Gästen. Er befand sich auf einer Harzreise, die ihm die für Ilmenau notwendigen Kenntnisse über den Bergbau und den Hüttenbetrieb vermitteln sollte.

In der Vitrine unter dem Fenster sind eine der Jagdbüchsen Karl Augusts und ein silbernes Jagdbesteck ausgestellt sowie ein dem Herzog gewidmeter Jagdkalender aus dem Jahre 1814.

In der alten Gabelbacher Jagdanlage aus der Zeit Ernst Augusts wohnte später der Straßenbauknecht Saalfelder, dessen Frau Katharina Margarete vorbeiziehende Jäger, Fuhrleute und Wanderer bewirtete. Der Weimarer Maler Friedrich Preller hat die ›alte Saalfelderin‹ 1836 in einer Bleistiftzeichnung festgehalten, die links an der Wand zu sehen ist. Den alten oder ›kleinen‹ Gabelbach im Jahre 1835 gibt die Bleistiftskizze an der gegenüberliegenden Wand wieder.

Der FEST- UND SPEISESAAL des Hauses wird durch die linke hintere Tür betreten. Nach den Anweisungen Steiners und Bertuchs und alten Inventarverzeichnissen des Hauses ließ sich der Saal so wiederherstellen, wie er sich im Jahre 1783 präsentiert haben mag. Die bis ins Dachgeschoß reichende hochgewölbte Decke gibt dem Raum ein festliches und großzügiges Aussehen. Hier war der Ort der fürstlichen Tafel und des geselligen Treibens der Jagdgesellschaft. Die hochlehnigen barocken Stühle gehörten zu dem aus Thangelstedt gekommenen Inventar. Auch die jetzt elektrifizierten blendungsfreien Wandleuchter waren Teil der originalen Ausstattung. Aus der Zeit des Rokoko stammt der vergoldete Jagdtisch mit weißer Marmorplatte und Hirschfüßen. Der dreieckige Tisch neben der Tür kann durch Vorziehen des mittleren Beines rasch in einen viereckigen Spieltisch verwandelt werden. Solche Tische waren damals viele im Haus, denn die Jagdgesellschaft fand sich gern und oft zum Spielen zusammen. Die von Bertuch geführten Ausgabenbücher des Herzogs belegen, daß bei diesem die Spielschulden oftmals Hunderte von Talern betrugen und einer der höchsten Ausgabentitel waren.

Das große, den Raum beherrschende Bild ›Anna·Amalia mit ihren Kindern‹ ist ein wahrscheinlich Ende 1771 geschaffenes Werk des Hofmalers Johann Friedrich Löber. Neben Anna Amalia zeigt es links den Erbprinzen Karl August, am Spinett den Prinzen Konstantin. Über dem vergoldeten Jagdtisch hängt an der gegenüberliegenden Wand ein Porträt des Prinzen Karl Christoph Joseph von Sachsen, der 1759 zum regierenden Herzog von Kurland gewählt wurde, jedoch bald wieder auf die Regierung verzichten mußte. Das Bild ist ein Werk des bekannten Dresdner Hofmalers Pietro Rotari. Das Porträt Karl Augusts an der Ausgangstür hat der Weimarer Hofmaler Johann Heinsius geschaffen. Von unbekannter Hand stammt das Bild Herzog Ernst Augusts neben der Eingangstür, der als ein ›Ergebnis‹ seiner Bau- und Jagdlust nach seinem Tode die riesige Summe von 360000 Talern Schulden hinterließ, in der Mehrzahl unbezahlte Handwerkerrechnungen. An dem alten Ofen verweist die Jahreszahl 1783 auf das Baujahr des Hauses. Der Kronleuchter, die beiden großen Zinnteller und die zinnerne Weinkanne auf der Tafel zeugen von der Kunstfertigkeit der Handwerker im 18. Jahrhundert.

Die rechte Tür führt zurück in die mit Jagdtrophäen und präparierten Tieren ausgestattete OBERE DIELE. Hier herrschen Hirsch- und Rehgeweihe vor, begleitet von Auer- und Birkhühnern und – unter Glas und Rahmen neben der Tür – einer Birkhenne mit ihrem Gelege. Unter der Treppe ist ein Auerhahn in Balzstellung und neben ihm die unscheinbare Auerhenne zu sehen. Auch andere Tiere des Waldes sind zu betrachten: Schnepfen und Seidenschwänze, ein Bussard mit erbeuteter Amsel, eine Gabelweihe, die auch roter Milan genannt wird, Eichhörnchen und Steinkäuze auf Astgabeln, eine sich auf einem Wurzelstock buckelnde Wildkatze.

Die Innentür der alten, 1870 abgebrannten Jagdhütte auf dem Kickelhahn hatte, wie ein Dokument bescheinigt, »Kilian Merten, großherzoglich sächsischer Forstwart auf dem Gabelbach und später städtischer Forstverwalter in Ilmenau. . . . im Jahre 1867, nach der Vornahme von Ausbesserungsarbeiten, die damals am später weggebrannten alten Goethehäuschen vorgenommen wurden und wobei diese Tür des ursprünglichen Goethehäuschens durch eine neue, die später mit dem alten Goethehäuschen wegbrannte, ersetzt wurde, von der großherzoglichen Forstverwaltung mit anderem Holzwerk erstanden«. Seit 1949 ist die Tür, die Merten und seine Erben sorgsam bewahrt und Goethefreunden in ihrer Ilmenauer Wohnung gezeigt haben, im Jagdhaus Gabelbach. Der Erstdruck der Verse ›Über allen Gipfeln ist Ruh‹ ist an ihr angebracht worden, zusammen mit einem kleinen Ölgemälde, das die Jagdhütte am Kickelhahn vor dem Brand zeigt. Auf der Tafel daneben belegen Blätter aus Goethes Tagebuch seine Aufenthalte in Gabelbach 1776, 1813 und 1831. Goethes Brief an Charlotte von Stein, den er am 6. September 1780 auf dem Kickelhahn geschrieben hat, gibt seiner Freude an der abendlichen Landschaft und ihrer Ruhe lebendigen Ausdruck.

Im GOETHEZIMMER mit den angrenzenden Kammern wird ein Eindruck von der Atmosphäre vermittelt, in der Goethe hier wohnte und arbeitete. Die Kopie des Ölgemäldes, das der Maler Joseph Friedrich August Dabes 1785 in Karlsbad geschaffen hat, stellt Goethe als Sechsunddreißigjährigen dar. Der Biedermeierschrank in der Ecke enthält Porzellan aus den Thüringer Manufakturen, vor allem aus Ilmenau und Limbach. In einem Inventarverzeichnis vom 21. Dezember 1791 wird Porzellangeschirr genannt, »so auf Ihre Durchlaucht des Herzogs höchsten Befehl als Inventarienstücke des Gabelbach-Hauses von Limbach hierhergeschickt wurde«. Die Möbel zeugen von der Eile, mit der die einzelnen Stücke 1783 aus Jagd- und Herrenhäusern zusammengeholt worden sind. Der schöne kleine Schrank stammt aus dem Barock, einige Sessel und der Tisch mit den Hirschfüßen gehören dem Rokoko an, die Stühle dagegen dem damals gerade aufgekommenen Louis-seize. Die Silhouetten neben der rechten Tür geben Jagdgefährten Goethes und des Herzogs während der ersten Jahre der Gabelbacher Aufenthalte wieder. Von links nach rechts sind zu sehen: Karl Augusts Bruder Prinz Konstantin, der Stallmeister Josias von Stein, Charlottes Gatte, der Weimarer Oberforstmeister Moritz von Wedel und der Kammerherr Anna Amalias, Friedrich Hildebrand von Einsiedel. Rechts neben der Ausgangstür erinnert ein kolorierter Stich von C. Müller an Großherzogin Maria Pawlowna.

Die linke der beiden angrenzenden Kammern diente Goethe als SCHLAFKAMMER. Der große Sessel mit den rot und weiß karierten Polstern gehört zur originalen Ausstattung. Mit wenigen Griffen kann er auseinandergeklappt und in ein Bett verwandelt werden. Die Silhouetten zeigen Goethe und Karl August zu Pferde. ›Siesta. Gefährten der Jagd‹ nannte Goethe seine 1778 entstandene Zeichnung, auf der er mit wenigen Strichen deutlich machte, wie einfach die Jagdgesellschaft sich oftmals ihre Lager bereiten mußte. Theodor Götz, der viele seiner Zeitgenossen in an Karikaturen erinnernden Zeichnungen festgehalten hat, schuf die kolorierte Federzeichnung, die Karl August bei der Heimkehr von der Jagd zeigt.

Bescheiden wie die Schlafkammer ist die angrenzende SCHREIBKAMMER. Tisch und Stühle gehören zum originalen, von Goethe benutzten Bestand. Der ›mechanische Schreibtisch‹ dagegen war Eigentum Karl Ludwig von Knebels, der mehrere Jahre in Ilmenau lebte. Schreibtische dieser Art, an denen sitzend und stehend gearbeitet werden konnte, waren damals viel in Gebrauch. Das Pastellbild über dem Schreibtisch ist ein Altersporträt Knebels, der oftmals in Gabelbach zu Gast war.

Johann Joseph Schmeller, der mehr als 150 Bildnisse von Gästen und Freunden Goethes geschaffen hat, zeichnete auch die Enkel Wolfgang und Walther, die den Großvater beim letzten Besuch im Thüringer Wald begleiteten. Links neben dem Fenster zeigt ein Stahlstich das Selbstbildnis Charlotte von Steins.

Neben dem Goethezimmer liegen Räume, die nach der Überlieferung Karl August bewohnt hat, deren alte Einrichtung aber längst verlorengegangen ist. Bei der Rekonstruktion des Hauses gestaltete man in ihnen ein kleines

Museum zu Goethes naturwissenschaftlichen Studien im Thüringer Wald

Die Büste des jungen Goethe neben dem Lesepult an der Stirnseite des ersten Raumes hat Martin Gottlieb Klauer 1780 geschaffen. Auf dem Pult liegen einige Seiten aus Goethes 1831 in deutscher und französischer Sprache erschienener Arbeit: ›Der Verfasser teilt die Geschichte seiner botanischen Studien mit‹. Goethe berichtet darin, wie ihn, als er nach Weimar kam, der Gewinn beglückte, »Stuben- und Stadtluft mit Land-, Wald- und Gartenatmosphäre zu vertauschen«, wie ihm die Begegnung mit der Natur immer neue Eindrücke verschaffte, die zur künstlerischen Gestaltung drängten und zu Naturbeobachtungen und Naturstudien anregten. Die Vergrößerung der am Abhang des Kickelhahns entstandenen Zeichnung ›Dampfende Täler‹ kann als Beispiel für Goethes Fähigkeit gelten, die Eigenart und Schönheit des Thüringer Waldes mit dem Zeichenstift festzuhalten. In der ›Geschichte meiner botanischen Studien‹ schildert Goethe, wie sich ihm der Thüringer Wald erschloß, sein Interesse an der Pflanzen- und Gesteinswelt geweckt wurde, die Bekanntschaft mit Forstleuten ihn mit deren Problemen und Sorgen vertraut machte. Die wesentlichsten Probleme ergaben sich aus dem Widerspruch zwischen den Wünschen der Fürsten nach einem reichen Wildbestand und dem wachsenden Holzbedarf des Landes, der die Verbesserung und Vermehrung des Waldbestandes forderte. Hinzu kamen Eigenmächtigkeiten und privates Bereicherungsstreben der adeligen Oberforstmeister, die zur Hofgesellschaft gehörten. So schrieb Goethe am 18. Oktober 1784 über den Oberforstmeister von Staff an den Herzog: »Staff wird wegen des Holzes einen Aufsatz einreichen, er verspricht und dreht sich, macht Vorschläge und wendet sich. Das herrschaftliche Interesse ist sein drittes Wort und doch nur ein sehr kurzer Mantel, unter dem die Röcke, die ihm und seinen Forstbedienten und übrigen Günstlingen besser anpassen, sehr merklich hervorstoßen.«

Den Rundgang im RAUM 1 eröffnet die Abbildung eines Sechzehnenders, die dem 1787 erschienenen Tafelwerk zur Erläuterung des Wachstums der Hirschgeweihe von Joseph Georg Winter entnommen ist. Die folgende Bleistiftzeichnung Goethes ›Feuer im Wald‹ aus dem Jahre 1776 mag eine Erinnerung an eigene nächtliche Streifzüge durch die Ilmenauer Wälder sein, wie sie in Tagebucheintragungen – etwa unter dem 28. Juli 1776: »Nachts bei den Köhlern.« – festgehalten sind. Eine Köhlerhütte stellt die Zeichnung von J. G. Schön aus dem Jahre 1735 vor.

Die 1775 von Anna Amalia erlassene ›Fürstlich-sächsische Forst- und Wald-, auch Jagd- und Waidwerksordnung‹ sicherte vor allem die Rechte der Feudalherren am Besitz des Waldes und seiner Reichtümer. Diese ›Ordnung‹, von der das Titelblatt und die Abschnitte ›Über die Formen der Jagden mit dem hohen Zeug‹, über die Gewinnung von Harzen und über die Köhlerei gezeigt werden, enthält neben verschiedenen weiteren Bestimmungen Vorschriften über die Nutzung und Hegung des Waldes und Festlegungen über die Fronleistungen der Bauern bei Jagden. Das Aquarell daneben zeigt den Nachfolger Staffs als Oberforstmeister, Friedrich August von Fritzsch, der oftmals Goethes Gastgeber in Ilmenau war.

Dem Wildmeister Karl Christoph Oettelt ist die große Karte ›Geometrischer Grundriß über den Ilmenauer Forst, welcher im Jahre 1762 horizontal ausgemessen wurde‹ zu danken. Die von ihm verfaßte Schrift ›Praktischer Beweis, daß die Mathesis bei dem Forstwesen unentbehrlichen Dienst tut‹ wurde auf der Karte angebracht. Mit dieser Schrift, deren erste Auflage 1764 erschien, hat sich Oettelt große Verdienste um die Verbesserung des Forstwesens erworben.

In der großen Mittelvitrine liegt eine weitere Schrift Oettelts: ›Etwas über die Harzgeschichte oder Pechnutzung fichtener Waldung‹ (1789). Verschiedene Archivalien belegen den Nutzen der Holzwirtschaft für den in Gang kommenden Bergbau und die ökonomische Entwicklung des Amtes Ilmenau. Die Sorge um das Holz und seine Qualität veranlaßte Goethe zu Beratungen mit den Forstleuten und zum Studium der zeitgenössischen Fachliteratur. Einige dieser Bücher, deren Originale sich in Goethes Bibliothek in Weimar befinden, liegen aus. Blätter aus alten Forst- und Jagdakten geben Aufschluß über die Preise für geschossenes Wildbret sowie über die Kosten und die Einnahmen aus der Jagd; eine Zusammenstellung berichtet von im Revier Unterpörlitz 1801 und 1802 geschossenem Raubzeug. Zum ›Raubzeug‹ gehörten die an der Wand befestigten präparierten Tiere: Turmfalken, Eichelhäher, Elstern und Waldkäuze.

Die ›Tabelle über die Fürstlich Sachsen-Eisenachische Waldung‹ an der Wand zwischen den Fenstern wurde von Johann Christian Sckell zusammengestellt. Die sorgfältige und humorvolle Illustrierung des Zahlenwerks läßt Sckells Liebe zu Wald und Forst deutlich werden. Eine Silhouette stellt seinen jüngeren Bruder und Nachfolger Johann Ludwig Gottlieb Sckell vor. Er hat den ›Plan des großen Hirschjagens 1776 in Hildburghausen‹ gezeichnet, der die aufwendigen Jagdgewohnheiten der Feudalherren anschaulich macht, die tagelange Vorbereitungen durch Bauern und Jäger erforderten. Jagdgewohnheiten der Zeit zeigen auch die beiden Ridingerschen Stiche ›In das Netz gefallene Hirsche‹ und ›Anstand auf Rehe‹. Ein von Goethe mit schneller Hand und kräftigen Strichen gezeichnetes ›Waldmotiv‹ beweist erneut sein Talent zur Erfassung des Wesentlichen der Waldlandschaft. ›Hasenrost‹ nannten die Weimarer den Verwalter der herzoglichen Wildbretniederlage in Weimar, den Theodor Götze auf einem kolorierten Stich festgehalten hat. Aus der ›Tabelle über das zu den herzoglichen Wildbretsniederlagen aus dem Weimarer Departement im Jahre 1808 gelieferte hohe und niedere Wildpret‹, in der die Ilmenauer Reviere besonders hervorgehoben sind, können die Jagderträge in diesem Jahre abgelesen werden.

Der Bittschrift Ilmenauer Bürger vom 6. September 1788 an Karl August ist der Umfang der Wildschäden auf ihren Feldern zu entnehmen. Goethe, dem solche Bitten aus allen Landesteilen genugsam bekannt waren, verband am 26. Dezember 1784 die Glückwünsche an den Herzog für das kommende Jahr mit dem Ersuchen, dieser möge die am Ettersberg bei Weimar ausgesetzten Wildschweine, die die Bauern um den Ertrag ihrer Felder zu bringen drohten, schnell und in aller Stille abschießen lassen.

RAUM 2 ist Goethes botanischen Studien gewidmet. Kolorierte Stiche machen mit Pflanzen des Thüringer Waldes bekannt, unter ihnen Storchschnabel, Hahnenfuß, Ehrenpreis und Große Schlüsselblume. Gelber Enzian und Fingerhut (Gentiana und Digitalis), zwei der bekanntesten Heilpflanzen des Thüringer Waldes, sind auf alten Herbarblättern zu sehen. Andere Herbarblätter zeigen die Vielfalt der Moose um den Kickelhahn und um Gabelbach. Alte Stiche von Baumarten ergänzen eine Sammlung im Thüringer Wald heimischer Laub- und Nadelhölzer; gezeigt werden Tanne, Fichte, Kiefer, Lärche, Rot- und Weißbuche, Eiche, Ahorn, Linde, Birke, Esche, Erle, Rüster, Kastanie und Nußbaum. Die Holzproben entsprechen in Form und Abmessung der Sammlung von Hölzern, die Goethe in Weimar angelegt hatte. Von Weißbuche und Kiefer sind Querschnitte der Hölzer zu sehen. Daneben liegen Abnormitäten, denen Goethes besonderes Interesse galt: die farbige Veränderung im Holz einer Erle, die Verbänderung an einem Kiefernzweig und zwei Knollenbildungen an dünnen Laubholzästen. Präparate zum Wachstum des Holzes und zur Bewegung des Saftes in den Hölzern erinnern an die Arbeit des berühmten Forstmannes Johann Heinrich Cotta, dessen ›Naturbeobachtungen über die Bewegung und Funktion des Saftes . . ., vorzüglich der Holzpflanzen‹ Goethe sorgfältig studierte.

Eine Lithographie rechts von der Eingangstür zeigt Karl von Linné, den Systematiker unter den Botanikern, dessen Werke Goethe heranzog, um sich mit der Vielfalt der Pflanzenwelt bekannt zu machen. Ausgestellt sind die Titelblätter von Linnés ›Termini botanici‹ (1767) und von seiner schon 1751 erschienenen ›Philosophia botanica‹. Daneben liegt das Titelblatt von Baruch Spinozas ›Ethica‹, mit der sich Goethe in den ersten Jahren seines Weimarer Aufenthaltes viel beschäftigt hat. Er entnahm den Schriften Spinozas die Gewißheit, daß sich ihm durch genaue Betrachtung und Untersuchung der Dinge das Wesen der Erscheinungen, ihre Zusammenhänge und Gesetzmäßigkeiten erschließen würden. Spinoza selbst ist auf einem zeitgenössischen Stich zu sehen. Goethes Zeichnungen ›Baumstudie‹ und ›Emmastein‹ machen dessen sorgfältige Naturbeobachtungen und ihre künstlerische Verarbeitung deutlich.

Goethes ›Steinreich‹, seine Studien zur Geologie und Mineralogie im Thüringer Wald werden in RAUM 3 vorgestellt. Über die Entwicklung dieser Studien berichtete Goethe in dem während seiner letzten Lebensjahre entstandenen Aufsatz ›Verschiedene Bekenntnisse‹, von dem die erste Seite links neben dem Fenster gezeigt wird. »Ich aber habe mich der Geognosie befreundet, veranlaßt durch den Flözbergbau«, heißt es darin, und: »Der Ilmenauer Bergbau veranlaßte nähere Beobachtung der sämtlichen thüringischen Flöze . . .«

Mit Goethes häufigem Gesprächspartner in Sachen Geologie und Bergbau, Bergrat Johann Karl Wilhelm Voigt, macht eine zeitgenössische Darstellung bekannt. Einer Instruktion Goethes folgend, unternahm Voigt geologische Exkursionen durch Thüringen, deren Ergebnisse in der 1782 erschienenen Schrift ›Mineralogische Reisen durch das Herzogtum Weimar und Eisenach‹ festgehalten sind. Diesem Werk ist die Tabelle ›Durchschnitt der Gebirge von der Rhön bis zum Giebichenstein oder von Südwest nach Nordost durch den Thüringer Wald‹ entnommen. Die Wandvitrine enthält Gesteine und Minerale aus der Umgebung Ilmenaus und des Kickelhahns, darunter Schneekopfkugeln, Schriftgranit, Porphyr, Kickelhahntuff, Porphyrit, Flußspat und Manebacher Steinkohle auf Schiefer, dazu besonders schöne und interessante Manebacher Steinkohlenschiefer mit Pflanzenabdrücken.

Drei Briefe Goethes an Charlotte von Stein aus dem September 1780 sprechen von der Freude an der Beschäftigung mit Gesteinen.

Notizen und Vorarbeiten Goethes zu Aufsätzen über geologische Probleme belegen die selbständige wissenschaftliche Arbeit des Dichters auf diesem Gebiet. ›Todes Liegendes um Eisenach‹ schrieb er 1779; die Überlegungen zur Theorie der Gesteinslagerung fügte er 1785 der Zeichnung ›Gipsfelsen bei Kittelsthal‹ bei. 1782 begann Goethe mit Vorarbeiten für eine ›Mineralogie von Thüringen und angrenzender Länder‹. Die Route der Reise, die er deshalb unternehmen wollte und zum Teil auch unternommen hat, ist auf einer Thüringenkarte eingetragen.

Die Notiz (Agenda) für eine Reise nach Ilmenau zeigt, wie gründlich und systematisch Goethe seine Reisen vorbereitete und mit Gesteinserkundungen verband; immer war er darum bemüht, das Verhältnis der Gesteinsarten und Gesteinsschichten zueinander besser kennenzulernen. Ausgestellt ist hier auch die 1777 entstandene Zeichnung ›Höhle am Hermannstein‹.

In der ersten Strophe eines Gedichtes, das Goethe 1816 dem ihm durch die gemeinsamen Bemühungen um den Ilmenauer Bergbau freundschaftlich verbundenen Minister Christian Gottlob Voigt sandte, heißt es über die Ilmenauer Zeit:

Von Berges Luft, dem Äther gleich zu achten,
Umweht, auf Gipfelfels hochwaldiger Schlünde,
Im engsten Stollen wie in tiefsten Schachten
Ein Licht zu suchen, das den Geist entzünde,
War ein gemeinsam köstliches Betrachten,
Ob nicht Natur zuletzt sich doch ergründe.
Und manches Jahr des stillsten Erdelebens
Ward so zum Zeugen edelsten Bestrebens.

Der Goethe-Wanderweg führt vom Jagdhaus Gabelbach als bequemer Waldweg weiter zur HIRTENWIESE, von der aus sich ein Blick auf die gegenüberliegenden Höhen, zur Marienquelle und zur Gegend um den Emmasteinfelsen eröffnet. An der Hirtenwiese war eine alte Ausspanne, wo »seit undenklichen Zeiten« Tränktröge für die Pferde der Warenzüge standen, die auf der alten Handelsstraße von Norden nach Süden und von Süden nach Norden zogen.

Nachdem die alte ›Hohe Straße‹ von Ilmenau nach Frauenwald überschritten ist, geht der Weg hinunter ins SCHORTETAL. Die Stille und die

Baumstudie. Goethezeichnung vom 22. Juli 1776

Schönheit dieses Waldtales, das sich von Ilmenau bis zum Dreiherrenstein am Rennsteig erstreckt, laden gleichermaßen zum Wandern wie zum Verweilen ein. Nur wenige Minuten talaufwärts liegt, umschlossen von dichtem Nadelwald und einzelnen Buchen, der KNÖPFELSTALER TEICH. Der Teich ist eines der vielen Staubecken, die schon im 17. Jahrhundert angelegt wurden, um mit den Schmelzwassern des Frühlings das Holz aus dem Gebirge ins Tal zu flößen.

Wenige Minuten sind es von hier, bis das FINSTERE LOCH, eine enge, von Fichten umstandene Schlucht, erreicht ist, durch die ein kleiner Bach über moosige Felsblöcke zur Schorte hinabrauscht. Hier war der Schauplatz des nächtlichen Lagers, das Goethe in seinem Gedicht ›Ilmenau‹ anschaulich geschildert hat:

> Melodisch rauscht die hohe Tanne wieder,
> Melodisch eilt der Wasserfall hernieder;
> ...
> Welch seltne Stimmen hör ich in der Ferne?
> Sie schallen wechselnd an dem Fels empor.
> ...
> Bei kleinen Hütten, dicht mit Reis bedecket,
> Seh ich sie froh ans Feuer hingestrecket.
> Es dringt der Glanz hoch durch den Fichtensaal,
> Am niedern Herde kocht ein rohes Mahl;
> Sie scherzen laut, indessen, bald geleeret,
> Die Flasche frisch im Kreise wiederkehret.

Der Historienmaler Theobald von Oer hat dieses nächtliche Lager in einem Aquarell gestaltet, das sich im Stützerbacher Goethehaus befindet.

Nach Überqueren des kleinen Baches führt der Weg zunächst steil hinauf und dann auf einem reizvollen, leicht ansteigenden Waldpfad in wenigen Minuten zum GASTHOF ›AUERHAHN‹. 1819 wurde dem Stützerbacher Schultheiß Johann Nicol Christian Heinz von der herzoglichen Kammer in Weimar die Erlaubnis erteilt, an der Landstraße zwischen Frauenwald und Ilmenau einen Gasthof zu errichten; er mußte dafür jährlich eine Gebühr von 1 Reichstaler, 12 Groschen bezahlen und sich verpflichten, keine verdächtigen Personen oder liederliches Gesindel zu beherbergen. Im Stützerbacher Goethehaus ist das Schreiben der Weimarer Kammer zu sehen. Goethe vermerkte bei seinem letzten Besuch im August 1831 im Tagebuch: »Die Chaussee mit Bewunderung bis zum ›Auerhahn‹ befahren.«

Nur wenige Schritte unterhalb des ›Auerhahns‹ biegt der Goethe-Wanderweg von der nach Stützerbach führenden Fahrstraße links ab und gewährt ständig wechselnde Blicke auf die gegenüberliegenden Höhen und den im Tal liegenden Ort. Nach einigen Minuten schon sieht man den STÜTZERBACHER SCHLOSSBERG, der bald erreicht ist. Weit schweift der Blick von hier ins Land. Über den schiefergedeckten Häusern Stützerbachs erhebt sich gegenüber im Vordergrund der Lauersberg mit dem Sportplatz. Dahinter ragen der Große und der Kleine Finsterberg, Schmücke und Schneekopf auf.

Goethe hat im Sommer 1776 vom Schloßberg aus den Stützerbacher Grund gezeichnet. Am 8. August schrieb er an Charlotte von Stein: »Ich hab heute den ganzen Tag für Dich gezeichnet, nicht immer glücklich, aber immer warm. Heut aber saß ich wieder hier auf dem Schloßberg und hatte einen guten Augenblick. Wie erwünscht, lag eben der Sonnenblick den Moment, da ich aufstieg, im Tal, wie ich ihn aufs Papier fesseln mögt.«

Herzog Ernst August hatte 1733 auf dem Berg den Bau eines Jagdschlosses, der ›Dianenburg‹, beginnen lassen. Gottfried Heinrich Krohne war der Architekt und Baumeister. Eine Entwurfszeichnung im Goethehaus Stützerbach zeigt die Gesamtanlage des Jagdschlosses. Für allen auf den Bau verwandten Einfallsreichtum, für seine Mühe und Arbeit hat Krohne freilich wenig Dank von seinem Auftraggeber erfahren. Dem Herzog gingen die Bauarbeiten zu langsam voran. Am 21. September 1735 schrieb er aus Ettersburg an Krohne: »Ich habe zu empfindlichem Mißfallen wahrnehmen müssen, daß das in Stützerbach neu angelegte Gebäude so gar langweilig vonstatten gehet . . . Als geben Wir euch hiermit die geschärfte Order, daß ein jeder von euch, soviel ihm nach seiner Funktion dabei obliegt, das dazu Nötige ohne Verzug betreibe und veranstalte, auf den Unterbleibungsfall aber gewärtig sei, was Wir vor Messures dieserwegen vornehmen werden. Woran Sie sich zu achten.« Im Stützerbacher Goethehaus kann nachgelesen werden, mit welcher Rücksichtslosigkeit für den Bau des Stützerbacher und des Ilmenauer Schlosses Sondersteuern gefordert und Frondienste angeordnet wurden. Im September 1739 dürfte die Dianenburg fertiggestellt und zum ersten Male bezogen worden sein.

Das Drängen des Herzogs auf schnelle Bauausführung, auf zusätzliche Fronleistungen und Sondersteuern ist dem Jagdschloß nicht bekommen. Am 28. Juni 1749 schrieb Krohne nach einer Besichtigung der herrschaftlichen Schlösser in Ilmenau und Stützerbach: »Zu Stützerbach sind die fürstlichen Jagdgebäude dergestalt ruiniert und verfaulet, daß keine dauerhafte Reparatur mehr anzufangen.« Auf diesen Bericht hin wurde der Abbruch der mit vielem Aufwand errichteten ›Dianenburg‹ angeordnet. Das Schloß ist bis auf alle Reste verschwunden. Lediglich einige Terrassen am Abhang des Schloßberges lassen noch ahnen, daß hier einmal Gartenanlagen und Wasserspiele bestanden haben.

Der Wanderweg geht nun hinunter nach Stützerbach und erreicht zunächst das GLASERSCHE HAUS, das durch seine stattliche Behäbigkeit auffällt und noch heute die Wohlhabenheit seines Bauherrn erkennen läßt. Mit der ›Dianenburg‹ war in Stützerbach auch die herzogliche Unterkunft verschwunden. Karl Augusts Jagdgesellschaft kehrte deshalb in den Häusern der wohlhabendsten Einwohner ein. Eines davon war das des Kaufmanns Glaser.

In Goethes Tagebüchern gibt es über die Aufenthalte in Stützerbach Vermerke wie: »Wirtschaft bei Glaser«, »Glaser und leichtfertige Mädel«, »Glasern sündlich geschunden«, »morgens Possen getrieben, tagsüber Torheiten«. Alle diese Eintragungen verweisen auf das ausgelassene Treiben der Hofgesellschaft, die sich im Hause Glasers zur Mittagstafel und zur Geselligkeit zusammenfand. Der kursächsische Berghauptmann von Trebra berichtet davon, wie die Hofgesellschaft nach der Mittagstafel den Hausherrn aufsuchte und wie, »um es auch an handgreiflicher Verspottung nicht fehlen zu lassen, . . . ihm von der Gesellschaft manche leere und volle Tonne, Kisten und Kästen Waren, die mit Pfeffer, und Ingwer, Zucker und Kaffee und Tabak überschrieben und mannigfachen kaufmännischen Bezeichnungen geziert waren, vors Haus getragen und manches den Berg hinuntergekollert« wurde. Trebra beschreibt auch, daß Goethe bei einer Nachmittagsgesellschaft aus dem Ölporträt des Hausherren das »breite, blonde fade Gesicht« ausgeschnitten und durch die Öffnung sein eigenes »männlich braunes, geistiges Gesicht mit den blitzenden schwarzen Augen« zwischen die weiße Perücke geschoben habe.

Die kritische Distanz mancher Teilnehmer zu diesen ausgelassenen Vergnügungen und der im Umgang mit Glaser und anderen Einwohnern nicht seltenen Verletzung der Menschenwürde spricht aus der von Knebel geschriebenen Grabschrift für Glaser, die am 20. September 1781 in das ›Tiefurter Journal‹ eingerückt wurde:

Hier liegt der, den man Narr genannt,
Und der sich selbst für schlecht bekannt.
Es ist nicht immer Narr, den man den Narren nennt,
Und der nicht immer schlecht, der sich für schlecht bekennt.

Heute befinden sich in dem Glaserschen Haus ausschließlich Wohnungen. Nur der von einer Hand gehaltene Türklopfer aus Messing mit dem Monogramm des einstigen Besitzers und die Weiträumigkeit der unteren Diele lassen noch die alte Bestimmung des Hauses ahnen.

Auch im GASTHOF ›ZUM WEISSEN ROSS‹, der heute vom Kneippbad genutzt wird, traf sich die Jagdgesellschaft um Karl August und Goethe zu fröhlicher Geselligkeit. Das alte Wirtshausschild zeigt den russischen Zaren Peter I. zu Pferde und die Inschrift »Petro Primo Catharina Secunda«, dazu den Namen J. L. Reichardt, Petersburg, und die Jahreszahl 1786. Die Erklärung für dieses merkwürdige Schild mitten im Thüringer Wald findet sich im Weimarer Staatsarchiv. Die dort verwahrten Akten des ehemaligen Ilmenauer Rechnungsamtes enthalten eine Eingabe Reichardts, in der es heißt: »Es ist ohne weitläufiges Anführen in höchsten Gnaden bekannt, wie ich aus Rußland 2500 Rthlr, die ich nicht nur mit saurer Miene erworben, sondern auch mit Lebensgefahr anherogebracht, in Höchstderoselben Landen durch den Ankauf und Ausbau des Wirtshauses zu Stützerbach verwendet habe.«

Vom ›Weißen Roß‹ wenige hundert Meter bergan führend, endet der Wanderweg ›Auf Goethes Spuren‹ am Goethehaus Stützerbach.

Goethehaus in Stützerbach

Im Goethehaus in Stützerbach, das der Glashüttenbesitzer Johann Daniel Gundelach oder auch schon sein Vater am Ende des 17. Jahrhunderts erbauen ließ, war Goethe dreizehnmal, oft für mehrere Tage, zu Gast. Dem zweistöckigen schiefergedeckten Gebäude mit neun Fenstern im ersten Stock und einem hohen Mansardendach ist noch heute anzusehen, wie stattlich es sich in dem ärmlichen kleinen Stützerbach der siebziger Jahre des 18. Jahrhunderts ausgenommen haben muß. Die späteren Besitzer haben das Andenken an die Besuche Goethes und Karl Augusts durch anderthalb Jahrhunderte wachgehalten und nach ihren Kräften dafür Sorge getragen, daß das von Goethe bewohnte Zimmer im alten Zustand erhalten blieb. 1960 erwarben die Nationalen Forschungs- und Gedenkstätten der klassischen deutschen Literatur in Weimar das Haus; nach umfassender baulicher Sanierung wurde es 1962 als Goethe-Gedenkstätte eröffnet.

In der EINGANGSHALLE stellt ein kolorierter Stich Weimar am Anfang des 19. Jahrhunderts vor. An den Wänden des TREPPENHAUSES zeigen mehrere Stiche Lebensstationen Goethes vor seiner Ankunft in Weimar: die Geburtsstadt Frankfurt am Main, die Universitätsstädte Leipzig und Straßburg sowie Wetzlar, den Sitz des Reichskammergerichts. Ansichten der Städte Jena und Ilmenau von Georg Melchior Kraus schließen sich an.

In der OBEREN DIELE eröffnet ein Brief Goethes an Jakob Friedrich von Fritsch in Weimar vom 3. August 1776 den Rundgang: »Aus dem geliebten Stützerbach«, ist hier zu lesen, »schick ich Ihnen ... die unterschriebnen und vollzognen Papiere zurück, fahren Sie fort, mir das Nötige zuzufertigen, und ich will meine Expedition ambulante bestmöglichst besorgen.« Der Brief belegt eindeutig, wie selbstverständlich Goethe trotz seiner Teilnahme am ausgelassenen Treiben der Hofgesellschaft die Erledigung des täglichen Arbeitspensums als Mitglied des Geheimen Consiliums, der obersten Regierungsbehörde des Herzogtums, war. Die von Martin Gottlieb Klauer geschaffene Goethe-Büste zeigt den Dichter im Alter von etwa dreißig Jahren. Goethes Zeichnung ›Stützerbacher Grund‹ ist im August 1766 entstanden.

Durch die rechte Tür gelangt man in den MUSEUMSRAUM, der einen Überblick über die gesellschaftlichen Verhältnisse in Stützerbach im 18. Jahrhundert gibt. Eine Karte der ›Gefürsteten Grafschaft Henneberg‹, die Petrus Schenk 1775 zeichnete, zeigt das Amt Ilmenau und das durch die Lengwitz geteilte Stützerbach. Dieses Flüßchen trennte zur Goethezeit den weimarischen Teil des Ortes vom kursächsischen, der zum Amte Schleusingen gehörte, eine Grenzziehung, die bis 1945 bestanden hat. Auf einem kleinen Aquarell von unbekannter Hand ist zu sehen, wie Stützerbach während der ersten Hälfte des 18. Jahrhunderts ausgesehen haben mag. Deutlich sind die beiden stattlichsten Häuser des Ortes zu erkennen, das Haus des Kaufmanns Glaser und das Gundelachsche Haus. Mit falschen Proportionen und ein wenig ungeschickt, wahrscheinlich nur noch aus der Erinnerung, ist das Jagdschloß ›Dianenburg‹ auf dem Schloßberg gezeichnet. Münzen der umliegenden Herzog- und Fürstentümer veranschaulichen die kleinstaatliche Zerrissenheit des damaligen Deutschlands. Die Münzen stammen aus der Grafschaft Henneberg, den Herzogtümern Sachsen-Weimar, Sachsen-Gotha, Sachsen-Hildburghausen und Schwarzburg-Rudolstadt und aus Schmalkalden. Über den Münzen werden die Ergebnisse der ersten Volkszählung im Amt Ilmenau gezeigt, die in dem ›Versuch einer historisch topographisch-statistischen Beschreibung des herzoglich Sachsen-Weimarischen Amtes Ilmenau in der Grafschaft Henneberg, im Jahre 1787‹ veröffentlicht worden sind. Danach hatte Stützerbach damals 218 Einwohner, die in 38 Häusern wohnten. Der Tabelle kann auch entnommen werden, wieviele Männer und Frauen, Söhne und Töchter in dem Dorfe gezählt wurden und wieviele Pferde, Zugochsen und andere Haustiere während der achtziger Jahre vorhanden waren. Gedruckt wurde diese ›Beschreibung‹ im ›Journal von und für Deutschland‹. In der Vitrine unter dem Fenster kann in diesem Journal eine Charakteristik der Bewohner des Amtes Ilmenau nachgelesen werden. Lobend wird von ihnen gesagt, daß sie sich »im ganzen betrachtet durch den Geist der Emsigkeit, Tätigkeit, Geschäftigkeit und des Fleißes«

auszeichnen. Auch die ›Historisch-statistische Beschreibung der gefürsteten Grafschaft Henneberg‹ von Johann Adolf Schultes, 1794 in Hildburghausen erschienen, gibt Aufschluß über die Stützerbacher Verhältnisse gegen Ende des 18. Jahrhunderts. Handzeichnungen Goethes aus den Jahren 1776 und 1780 links von der Eingangstür und an dem Pfeiler zwischen den Fenstern mit Ansichten von Thüringer Bauernhäusern lassen das armselige Leben der Bauern in den Dörfern Thüringens ahnen.

Eine Anweisung über zu leistende Fronarbeiten der Stützerbacher Bauern für den Schloßbau aus dem Jahre 1735 und eine Verordnung über den Erlaß von Sondersteuern für diesen Bau vom 6. Dezember 1738 sind Belege für die Rücksichtslosigkeit, mit der Herzog Ernst August dieses Projekt betrieben hat.

Das Ende der ›Dianenburg‹ belegen das Schreiben Krohnes vom 28. Juni 1749 mit dem Vorschlag des Abbruchs und die Anweisung des Prinzenvormundes vom 2. August 1749, den Abbruch in Angriff zu nehmen. Neben dem Fenster zeigt ein um 1830 entstandenes Aquarell des Bergmeisters Mahr, wie sich dieser die ›Dianenburg‹ und ihre Anlagen ein Dreivierteljahrhundert später vorgestellt hat. Ein getreueres Bild vermitteln die Ansichten des Schlosses, die um 1745 von einem Mitarbeiter Krohnes angefertigt worden sind, und der Entwurf der Gesamtanlage mit Gärten, Alleen und Terrassen, den Krohne 1734 selbst zeichnete.

Wie in allen Feudalstaaten war auch im Herzogtum Sachsen-Weimar das Leben der Untertanen bis in alle Einzelheiten reglementiert und durch eine Vielzahl umständlicher ›Ordnungen‹ erschwert. Ein Beispiel dafür ist die Ständeordnung von 1727, aus der die Seiten ›Vom Unterschied des Standes‹ und ›Von Verlöbnissen‹ ausgestellt sind. Die »Bedienten und Untertanen« werden nach »ihrem Stand in fünf Klassen eingeteilet«. Für die Verlöbnisse genehmigt die Ständeordnung ein Gastmahl, wobei sowohl die Anzahl der Gäste für die einzelnen Klassen wie die Zahl der zulässigen Gerichte ausführlich und umständlich bestimmt wird. Die Verordnung über ›Kleiderpracht‹ aus der Sammlung ›Ältere und neuere Gesetze, Ordnungen und Zirkularbefehle für das Fürstentum Weimar . . . bis zum Ende des Jahres 1799‹ kennt sogar sechs Klassen, deren jeder »gewisse Trachten nachgelassen oder verboten« werden. Die Stände- und die Kleiderordnung werden in drei Vitrinen durch Kostümpuppen anschaulich gemacht. Die Kostüme der Puppen sind nach zeitgenössischen Abbildungen angefertigt worden und entsprechen bis ins letzte Detail den Vorschriften der Ordnung über ›Kleiderpracht‹. Einem adligen Paar, das nach der Ständeordnung keiner Klasse angehörte, und einem Falkner (4. Klasse) folgen ein bürgerliches Paar (3. Klasse) und ein Bedientenpaar (4. Klasse). Der Thüringer Bauernbursche gehörte wie die gesamte besitzlose bäuerliche Bevölkerung zur 5. Klasse. Dem adligen Paar sind ein Mokkakännchen mit zugehöriger Tasse aus Meißner Porzellan der Marcolinizeit beigegeben, die um 1775 hergestellt worden sein dürften, dem bürgerlichen Paar Kännchen und Tasse aus Ilmenauer Porzellan aus der Zeit um 1780. Bedientenpaar und Bauernbursche müssen sich mit Tassen aus Thüringer Steinzeug begnügen, wie es zur Goethezeit als Hafnerware auf den Märkten verkauft wurde.

Der zeitgenössische Stich einer Papiermacherwerkstatt und ein Schöpfrahmen mit Wasserzeichen verweisen darauf, daß die Papierfabrikation durch Jahrhunderte einer der Haupterwerbszweige in Stützerbach war. Die Lage der Schneide- und Mahlmühlen an der Lengwitz und am Anfang der Ilm gibt eine Bleistiftskizze aus dem Jahre 1790 wieder. Schreiben an die herzogliche Kammer in Weimar über Wasserzins und Steuern aus dem Jahre 1740, wegen des Privilegs, Hadern zu sammeln, aus dem Jahre 1817 und zum Problem des Wassermangels aus dem Jahre 1822 sowie entsprechende Antworten der Kammer sind Zeugnisse über den Umfang und die Bedeutung der Papierherstellung für Stützerbach, zugleich aber auch über den umständlichen und schwerfälligen Verwaltungsapparat. Fachliteratur der Zeit vermittelt eine Vorstellung von den Werkzeugen der Papiermacher. Besonders schöne Stützerbacher Wasserzeichen vom Ende des 18. und vom Anfang des 19. Jahrhunderts finden sich in der beleuchteten Wandvitrine. Die Stützerbacher Papiermacher belieferten auch den herzoglichen Hof und die herzogliche Kammer in Weimar.

Die auch im Amtshaus Ilmenau zu sehende ›Charte über einen Teil der Gebirge im Hennebergischen Herzogl. Sächs.-Weimarischen Anteils‹, die Johann Gottfried Schreiber 1776 und 1777 aufgenommen hat, leitet zu Goethes Bemühungen um die Wiederingangsetzung des Bergbaus über. Rund um Stützerbach galt es, Wasser als Betriebskraft zu stauen und in den Berggräben nach Ilmenau zu leiten. Die fotografische Wiedergabe einer zeitgenössischen Vogelperspektive zeigt die Stadt Ilmenau, die bei Stützerbach und Manebach gelegenen Stauteiche, die Berggräben und die Bergwerksanlagen. Von Goethe unterzeichnete Schreiben der Bergwerkskommission aus den Jahren 1784–1791 und ein eigenhändiger Brief des Dichters geben Aufschluß über die unendlichen Schwierigkeiten, die allein auf diesem Teilgebiet zu überwinden waren. An Karl August schrieb Goethe am 18. Oktober 1784: »Wir haben . . . die Gräben bis zu den Freibächer Teichen begangen, einen heimlichen Handel angelegt, um die fatale Schneidemühle, auf gothischem Grund und Boden, durch Kauf an die Gewerkschaft zu bringen, wegen Führung der Gräben und Erbauung des Treibewerks die nötigen Voranstalten gemacht . . .« Goethes erste Eindrücke vom Ilmenauer Bergbau gibt die Zeichnung einer verfallenen Schachtanlage aus dem Sommer 1776 wieder. Die ›Prinzipskizze einer Druckpumpe für Bergwerksanlagen‹ von Goethes Hand macht sein Bemühen um Kenntnisse über die Funktionsprinzipien der Bergbautechnik deutlich. Eine Abbildung aus der 1791 erschienenen ›Technisch-ökonomischen Enzyklopädie‹ zeigt die Kompliziertheit dieser Maschinen, die, fast völlig aus Holz gefertigt, wirkliche ›Kunst‹-Werke waren. An das Scheitern des mit so viel Hoffnungen begonnenen Ilmenauer Bergbaus erinnert Goethes Skizze über den Bruch des Martinrodaer Stollens.

Die Belehnungsurkunde des Glasmachers Holland, der 1656 die erste Glashütte errichtete, eröffnet die Darstellung der Glasmacherei in Stützerbach. Die in der Standvitrine vereinten besonders charakteristischen und schönen Pokale, Krüge, Flaschen und Gläser zeugen von den Fertigkeiten der Stützerbacher Glasmacher am Ende des 18. Jahrhunderts. Ein Brief des Glasmachers J. Chr. Heinz an den herzoglichen Schatullverwalter Friedrich Justin Bertuch aus dem Jahre 1781 läßt die Breite des Sortiments der Stützerbacher Fabrikation deutlich werden. Kupferstiche aus einem Werk über die Glasmacherkunst vom Anfang des 18. Jahrhunderts zeigen Glasmacher und Glasbläser bei der Arbeit, einen Glasofen und die Werkzeuge der Glasmacher. Die Anweisung Karl Augusts über die Erhöhung der Holzpreise aus dem Jahre 1796 kann als Beispiel dafür gelten, wie man auf Kosten der Glasmacher versuchte, die herzoglichen Kassen zu füllen. Die am 22. April 1829 von den Stützerbacher Glasmachern an Großherzog Karl Friedrich gerichtete Bitte um Herabsetzung des Holzpreises läßt das damalige Elend der Glasmacher ahnen. Die schroffe Ablehnung dieser Bitte widerlegt nachdrücklich die Legenden von der Großherzigkeit des ›Landesvaters‹. Die zweite Standvitrine enthält die einfachen Werkzeuge der Glasmacher und Glasbläser, die während der Goethezeit in Gebrauch waren. Goethe hat bis ins Alter Glassachen für seine naturwissenschaftlichen Versuche aus Stützerbach bezogen. Die ausgestellten Stücke – Präparatefläschchen, Bruchstücke von Tafelglas und schnell abgekühlte Glastropfen – wurden von Stützerbacher Glasmachern nach den Originalen in Goethes naturwissenschaftlichen Sammlungen angefertigt. Ein Brief an seinen Sekretär Friedrich Theodor Kräuter vom 6. April 1817 enthält die Bitte, Glassachen aus Stützerbach zu beschaffen.

Briefe Goethes aus den Jahren 1777, 1782 und 1831 geben Auskunft über die in Stützerbach und im Ilmenauer Raum im Umgang mit dem »armen Volk« gewonnenen Einsichten und Erkenntnisse. In einem nach dem letzten Ilmenau-Besuch an Karl Friedrich Reinhard gesandten Brief schreibt Goethe, nachdem er mitgeteilt hat, daß die Enkel »ohne poetisches Vehikel in die ersten, unmittelbarsten Zustände der Natur ... gedrungen« seien:

»Sie sahen die Kohlenbrenner an Ort und Stelle, Leute, die das ganze Jahr weder Brot noch Butter noch Bier zu sehen kriegen und nur von Erdäpfeln und Ziegenmilch leben. Andere, wie Holzhauer, Glasbläser, sind in ähnlichem Falle, aber alle heiterer als unsereiner, dessen Kahn sich so vollgepackt hat, daß er jeden Augenblick fürchten muß, mit der ganzen Ladung unterzugehen.«

An der dem Ausgang aus dem Museumsraum gegenüberliegenden Wand der oberen Diele ist in zwei Vitrinen die Mehrzahl der Besuche Goethes in Stützerbach und im Gundelachschen Haus durch Briefe und Tagebucheintragungen belegt.

Charlotte von Stein, für die Goethe in Stützerbach gezeichnet und an die er fast täglich geschrieben hat, ist auf einem Selbstbildnis zwischen den Fenstern zu sehen.

Nach alten Vorlagen angefertigte Steindrucke geben das Haus des Kaufmanns Glaser und den Gasthof ›Zum weißen Roß‹ wieder. Auf den dazugehörigen Glastafeln finden sich Dokumente über diese Häuser und ihre ehemaligen Besitzer und über Goethes Beziehungen zu ihnen. Ein Katasterblatt aus dem Jahre 1789 weist den Besitz von Johann Elias Glaser aus. Das Tagebuch des Kanzlers von Müller berichtet unter dem 19. April 1819 von dem Vergnügen, mit dem Goethe »Anekdoten« aus seinem »frühern Leben in Ilmenau« erzählte und von »tollen Späßen mit dem Glasmann Glaser« berichtete. Goethe fand es zudem »ganz sublim und grandios«, daß einer der Teilnehmer beim Plumpsackspiel gerufen hatte: »Schlagt doch zu, so gut wird es euch nicht leicht wieder, euern Fürsten und Herrn prügeln zu dürfen.« Der Eintrag in Goethes Tagebuch vom 26. Juli 1776 lautet: »Wirtschaft bei Glasern.« Auf Stützerbacher Notgeld ist 1921 versucht worden, das »tolle Treiben« darzustellen. Eine Seite des handgeschriebenen ›Tiefurter Journals‹ trägt die beiden Grabinschriften für Glaser. In der zweiten, die Friedrich Hildebrand von Einsiedel verfaßt hat, heißt es:

> Hier liegt ein Narr und Handelsmann
> Tot unter diesem Grase:
> Was er durch leicht Gewicht gewann,
> Ging fort durch fremde Spaße!
> Schlecht war er nicht, ein braver Narr,
> Dieweil er's gern und gratis war.

Auf den Gasthof ›Zum weißen Roß‹ beziehen sich Tagebucheintragungen Goethes wie die vom 1. September 1777: »... mit den Bauernmaidels getanzt..., ausgelassen toll bis gegen 1 nachts.« Trebras Bericht über die im

Sommer 1776 in Stützerbach gewonnenen Eindrücke kann in der Handschrift nachgelesen werden. Aus jeder Zeile ist das Erstaunen des kursächsischen Berghauptmanns über das ausgelassene, ungebundene Treiben der Hofgesellschaft in Stützerbach ablesbar. Goethes Briefe an Charlotte von Stein vom 6. und 12. September 1777 sprechen von »tollem« Tanz und von »liederlicher Wirtschaft«.

Das GOETHEZIMMER, das einstige Wohnzimmer des Hauses, diente dem Dichter bei seinen Aufenthalten als Wohn- und Arbeitszimmer und ist darum heute der Mittelpunkt der Gedenkstätte. Nach alten Inventarverzeichnissen und Beschreibungen wurde es wieder so eingerichtet, wie es zur Zeit Goethes ausgesehen haben dürfte. Die kräftig leuchtende blaue Tapete mit der kupferfarbenen Drapierung und den geschmackvollen Ornamentstreifen hat dem Raum schon vor zweihundert Jahren seine besondere Atmosphäre gegeben.

Der mit Intarsien geschmückte hohe barocke Schreibsekretär stammt aus der ersten Hälfte des 18. Jahrhunderts. Seine Beschläge deuten bereits auf das spätere Rokoko. Die kräftigen Handgriffe aus Messing am Ober- und Unterteil gestatteten einen leichteren Transport, wenn die Möbel aus den festen Schlössern, die man im Winter bewohnte, sommers in die Jagd- und Lustschlösser gebracht wurden. Neben dem alten Schreibzeug aus Steingut mit der Gänsefeder und der zinnernen Öllampe, die mit dem Verbrauch des Öls die abgelaufenen Stunden anzeigt, liegen auf der Schreibplatte zwei Briefe Goethes. Der eine ist an den Schweizer Theologen und Schriftsteller Johann Kaspar Lavater, der andere an Charlotte von Stein gerichtet. Der Brief an Lavater wurde vom 25.–30. August 1776 in Weimar geschrieben. Er enthält, wie Goethe schreibt, »ein paar Zeilen reinen Gefühls, auf dem Thüringer Walde geschrieben den 3. August morgens unter dem Zeichnen«. Am 3. August war Goethe in Stützerbach, wo das dem Brief beigefügte Gedicht ›Dem Schicksal‹ entstanden ist.
Es beginnt mit den Zeilen:

> Was weiß ich, was mir hier gefällt,
> In dieser engen, kleinen Welt
> Mit leisem Zauberband mich hält!

Unter der Überschrift ›Einschränkung‹ hat Goethe dieses Gedicht später in verkürzter und veränderter Form in die Sammlung seiner Gedichte aufgenommen. Der Brief an Charlotte von Stein ist vom 7. September 1780. Der begeisterten Schilderung der Eindrücke bei einer Wanderung zum Schneekopf schließen sich, einem Stoßseufzer gleich, die bekannten Worte an:

»Könnten wir nur auch bald den armen Maulwürfen von hier Beschäftigung und Brot geben.«

Der große barocke Ofen wird von der Küche her beheizt. Er trägt die Jahreszahl 1735, das weimarische und das hennebergische Wappen.

Die Möbel gehören der Goethezeit an, der runde Tisch aus Nußbaumholz ebenso wie das Nähtischchen mit den zierlichen Rehfüßen und das Sofa aus Kirschbaumholz, in dessen Seitenlehnen Schubladen eingelassen sind. Das kleine Hammerklavier vom Anfang des 19. Jahrhunderts ist aus dem Bachhaus in Eisenach als Leihgabe nach Stützerbach gelangt.

Stiche von Johann Elias Ridinger erinnern daran, daß Karl August vor allem zur Jagd nach Stützerbach gekommen ist. Die Schattenrisse über dem Sofa zeigen Goethe mit dem kleinen Fritz von Stein, der ihn manchmal auf seinen Reisen nach Ilmenau begleitete, Goethes Profil und den Freiherrn von Seckendorf, einen der Jagdgefährten Goethes und des Herzogs. Zwei andere Jagdgefährten, Friedrich Hildebrand von Einsiedel und Karl Ludwig von Knebel, hat Goethe in einer Bleistift- und in einer Rötelzeichnung festgehalten. Das Blatt ›Schlafende Jagdgefährten‹ ist eine Handzeichnung Goethes aus dem Jahre 1776. Das Pastellbild einer alten Dame kam erst später ins Haus. Luise Seidler hat es um 1835 gemalt. Die ovalen Miniaturbilder rings an den Wänden sind um 1770 entstanden.

In dem anschließenden ARBEITSZIMMER, das bei der Rekonstruktion und Neugestaltung des Hauses 1970 eingerichtet wurde, fällt der reichverzierte und bemalte bäuerliche Barockschrank vom Anfang des 17. Jahrhunderts besonders ins Auge. Lehfeldts Inventar der ›Bau- und Kunstdenkmäler Thüringens‹ enthält den Hinweis, daß dieser Schrank Ende des 19. Jahrhunderts als ›Goethes Mineralienschrank‹ im Gundelachschen Hause war.

Auf der Barockkommode steht ein Reiseschreibzeug, wie es Goethe bei sich geführt haben könnte. Schreibzeuge dieser Art, die sich durch gediegene Arbeit und Zweckmäßigkeit auszeichnen, wurden seit 1770 in England hergestellt und nach Deutschland ausgeführt. Neben der Schreibplatte, die nach dem Öffnen des Deckels benutzbar wird, birgt es in sich mehrere geschickt angeordnete Fächer. Die um 1790 von Martin Gottlieb Klauer geschaffene fragmentarische Goethebüste, eine seiner ausdrucksstärksten Arbeiten, hat an der gegenüberliegenden Wand Platz gefunden. Goethes ›Urfreund‹ Knebel ist auf einem Miniaturbild zwischen den Fenstern zu sehen. Stiche von Georg Melchior Kraus zeigen die Schneidemühle bei Ilmenau, das Jagdschloß zu Ettersburg und die Lochmühle bei Waldeck. Das kleine Ölgemälde ›Junger Mann mit Bierkrug‹ links von dem Barockschrank hat der 1786 verstorbene Maler Johann Konrad Seekatz geschaffen, dessen Bilder Goethes Vater besonders liebte.

Die Tür neben dem alten Ofen führt in einen weiteren MUSEUMSRAUM. Hier wird die vollständige Handschrift des Gedichtes ›Ilmenau‹ gezeigt, das Goethe Karl August zu seinem 26. Geburtstag am 3. September 1783 widmete und das er wahrscheinlich wenige Tage vor dem Geburtstag des Herzogs, der in Ilmenau gefeiert wurde, niedergeschrieben hat. Goethes Äußerungen im Gespräch mit Eckermann über die Entstehung des Gedichtes und seine Schilderung des nächtlichen Lagers am ›Finstren Loch‹ haben Theobald von Oer zu einem Aquarell angeregt, das über der Vitrine zu sehen ist.

Holzschnitte aus den 1698 in Regensburg erschienenen ›Abbildungen der gemeinnützlichen Hauptstände‹ stellen die wichtigsten der im ›Ilmenau‹-Gedicht genannten Erwerbszweige der Waldbewohner vor: die der Bauern, der Köhler, der Weber und der Bergknappen.

Neben der Sorge um »Gedeihn und festes ird'sches Glück« für den kleinen Landesteil fordert Goethe im ›Ilmenau‹-Gedicht von dem jungen Herzog, sich der Verantwortung für das ihm anvertraute Land und der sich daraus ergebenden Pflichten bewußt zu werden:

Du kennest lang die Pflichten deines Standes
Und schränkest nach und nach die freie Seele ein.
Der kann sich manchen Wunsch gewähren,
Der kalt sich selbst und seinem Willen lebt;
Allein wer andre wohl zu leiten strebt,
Muß fähig sein, viel zu entbehren.

An der gegenüberliegenden Wand steht rechts neben der Tür die im August 1820 von Christian Daniel Rauch geschaffene Büste Goethes. Über der schlichten Kommode hängt ein von Johann Ernst Heinsius 1790 geschaffenes Porträt Karl Augusts. Goethes Enttäuschung über sein in vielem vergebliches Bemühen, den Herzog für Reformpläne zu gewinnen und mit seiner Hilfe die Verhältnisse im Herzogtum zu verbessern, spricht aus einem Brief an Knebel vom 21. November 1782, dessen Erstdruck auf der Kommode ausgelegt ist. In diesem Brief heißt es: »Der Herzog hat seine Existenz im Hetzen und Jagen. Der Schlendrian der Geschäfte geht ordentlich, er nimmt einen willigen und leidlichen Teil dran . . .[–] Und so fange ich an, mir selber wieder zu leben und mich wieder zu erkennen. Der Wahn, die schönen Körner, die in meinem und meiner Freunde Dasein reifen, müßten auf diesen Boden gesät und jene himmlische Juwelen könnten in die irdischen Kronen dieser Fürsten gefaßt werden, hat mich ganz verlassen, und ich finde mein jugendliches Glück wiederhergestellt.«

Von dieser Selbstbesinnung Goethes sprechen auch zwei Briefe an Charlotte von Stein auf der Tafel rechts von der Ausgangstür. Auf der gegenüberliegenden Tafel heißt es im Tagebucheintrag vom 26. März 1780: »Wundersam! ich habe so manches getan, was ich jetzt nicht möchte getan haben, und doch, wenn's nicht geschehen wäre, würde unentbehrliches Gute nicht entstanden sein .... Ich muß den Zirkel, der sich in mir umdreht, von guten und bösen Tagen näher bemerken, Leidenschaften, Anhänglichkeit, Trieb, dies oder jenes tun. Erfindung, Ausführung, Ordnung, alles wechselt und hält einen regelmäßigen Kreis. Heiterkeit, Trübe, Stärke, Elastizität, Schwäche, Gelassenheit, Begier ebenso. Da ich sehr diät lebe, wird der Gang nicht gestört, und ich muß noch herauskriegen, in welcher Zeit und Ordnung ich mich selbst bewege.« Die ›Einschränkung‹ überschriebene zweite Fassung des Gedichtes ›Dem Schicksal‹ macht deutlich, wie Goethe sich innerlich von Karl August gelöst hat, denn in ihr ist jeder Bezug auf den Herzog getilgt. In dem Brief an die Mutter vom 11. August 1781 betonte Goethe die Bedeutung seiner sogenannten »amtlichen Tätigkeit« für seine Entwicklung als Mensch und Dichter: »Bei der lebhaften Einbildung und Ahndung menschlicher Dinge wäre ich doch immer unbekannt mit der Welt und in einer ewigen Kindheit geblieben, welche meist durch Eigendünkel und alle verwandte Fehler sich und andern unerträglich wird. Wieviel glücklicher war es, mich in ein Verhältnis gesetzt zu sehen, dem ich von keiner Seite gewachsen war, wo ich durch manche Fehler des Unbegriffs und der Übereilung mich und andere kennenzulernen Gelegenheit genug hatte, wo ich, mir selbst und dem Schicksal überlassen, durch so viele Prüfungen ging, die vielen hundert Menschen nicht nötig sein mögen, deren ich aber zu meiner Ausbildung äußerst bedürftig war.«

Die Vitrine rechts vom Fenster enthält Informationen über das Gundelachsche Haus, über Goethes Aufenthalte darin und über den früheren Besitzer. Aufenthalte im Gundelachschen Haus belegen die Tagebucheintragungen vom 25. Juli 1776 und vom 16.–19. März 1779. Erstdrucke von ›Wilhelm Meisters Lehrjahren‹ und der Versfassung der ›Iphigenie‹ erinnern daran, daß Goethe in Ilmenau und Stützerbach oft an diesen Werken gearbeitet hat. Johann Daniel Gundelach ist die 1770 in Hildburghausen erschienene kleine Schrift ›Der Gott und Menschen gefällige Glaskünstler‹ gewidmet. Gebrauchsgegenstände aus Glas, Ton und Zinn belegen Kunstfertigkeit und Geschmack der Zeit. Gerahmte Steindrucke zeigen das Gundelachsche Haus und den Gasthof ›Zum Auerhahn‹ zur Goethezeit. Auf einer weiteren Tafel sind auf Notgeldscheinen aus dem Jahre 1921 der Gasthof und Goethe bei seinem letzten Besuch auf dem Kickelhahn dargestellt. Neben Goethes Tagebuchvermerk vom 27. August 1831, daß er »die Chaussee mit Bewunderung bis zum ›Auerhahn‹ befahren« habe, sind die Genehmigung der herzoglichen Kammer für den Bau dieses Gasthofs an der Waldstraße nach Frauenwald und der Bericht des Rentamtmanns Mahr über Goethes letzten Besuch auf dem Kickelhahn zu sehen.

Die benachbarte KÜCHE erhielt bei der Rekonstruktion des Hauses ihre alte Gestalt als ›schwarze Küche‹ zurück, wie sie noch am Beginn unseres Jahrhunderts in vielen Bauernhäusern des Thüringer Waldes zu finden waren. Durch offene Feuerungen wurden in diesen Küchen die Stubenöfen von außen geheizt, in deren Innerem man die Speisen kochte und briet. Der Rauch des Ofenfeuers zog durch einen offenen Rauchfang ab. Töpfe, Kannen, Pfannen und Kuchenformen aus Kupfer, tönernes Geschirr, Porzellanteller, alte Krüge und Hausgeräte aus Zinn vermitteln ein anschauliches Bild davon, wie diese ›schwarze Küche‹ im Hause des wohlhabenden Glashüttenbesitzers Gundelach ausgesehen haben dürfte. Die alte Laterne an der Holzbalkendecke, eine Öllampe vor der Feuerstelle, Argandsche Lampen zwischen den Fenstern und die kleinen Fettlampen, die beim Gang durchs dunkle Haus benutzt wurden, zeigen, welch vielfältige Möglichkeiten der Beleuchtung es damals gab. Die Gardinen und die Rücklehnen und Polster der Bänke sind nach Modeln aus dem 18. Jahrhundert im Blaudruck hergestellt worden. Der alte Bauerntisch verfügt sogar über ein Geheimfach.

Im ERDGESCHOSS befindet sich ein VORTRAGSRAUM, in dem die Besucher in einem einführenden Farblichtbildervortrag mit der Geschichte des Hauses und der Bedeutung Stützerbachs im Leben Goethes bekannt gemacht werden. An einigen Abenden des Jahres finden in diesem Raum musikalisch-literarische Veranstaltungen, Lesungen aus Werken der klassischen Dichter und Vorträge über Goethes Leben und Werk statt.

Die Tür links von der Treppe führt in das MUSEUM ZUR GESCHICHTE DES TECHNISCHEN GLASES. Im ersten Raum wird, beginnend mit den Grundstoffen für die Herstellung des Glases und den Stufen des Glasschmelzens, die Arbeit in der Glashütte gezeigt. Das Modell eines Schmelzofens, die wichtigsten Handwerkszeuge der Glasmacher, darunter eine 1,50 m lange Glasmacherpfeife, Glasformen und in Stützerbach gezogene Glasröhren informieren neben Großfotos über die Arbeit der Glasmacher. Im zweiten Raum stehen einfache Maschinen zum Schleifen und Schreiben, zwei für die Herstellung technischen Glases wichtige Fertigkeiten. Noch vor wenigen Jahren waren solche Maschinen in den Stützerbacher Werkstätten in Benutzung. Der Arbeitsplatz eines Glasbläsers, wie es ihn noch heute in vielen Stützerbacher Häusern gibt, wird im dritten Raum vorgeführt. Überall ist, wie auch hier, der alte Blasebalg inzwischen durch ein elektrisch betriebenes Gebläse ersetzt worden. Hier kann der geschickten und kunstvollen Arbeit des Glasbläsers zugesehen werden, der mit dem Gasbrenner das spröde Rohglas biegsam und formbar macht. Vitrinen enthalten neben alten Thermometern und Barometern ein Exemplar der ersten deutschen Röntgenröhren, mit deren Herstellung 1895 in Stützerbach begonnen wurde. Im vierten und letzten Raum ist einer Weltkarte zu entnehmen, daß die Stützerbacher Glasmacher heute in 42 Länder der Welt exportieren. Proben ihres vielseitigen Könnens sind zu sehen: ein Destillationsgerät, Lehrmittel für den Physikunterricht, Geräte für chemische Labors und Glasgeräte für die Landwirtschaft. Großfotos zeigen in den einzelnen Räumen die Arbeit in der Hütte, das Glasblasen, die fertigen Geräte und ihre Verwendung in der Praxis.

Eine kleine Tischvitrine enthält aufgeschlagen Goethes Entwicklungsroman ›Wilhelm Meisters Lehrjahre‹ und Johann Peter Eckermanns ›Gespräche mit Goethe‹. Im Gespräch vom 17. Februar 1832 sagte Goethe: »Es ist wahr, ich habe in meinem langen Leben mancherlei getan und zustande gebracht, dessen ich mich allenfalls rühmen könnte. Was hatte ich aber, wenn wir ehrlich sein wollen, das eigentlich mein war, als die Fähigkeit und Neigung, zu sehen und zu hören, zu unterscheiden und zu wählen und das Gesehene und Gehörte mit einigem Geist zu beleben und mit einiger Geschicklichkeit wiederzugeben. Ich verdanke meine Werke keineswegs meiner eigenen Weisheit allein, sondern Tausenden von Dingen und Personen außer mir, die mir dazu das Material boten. Es kamen Narren und Weise, helle Köpfe und bornierte, Kindheit und Jugend wie das reife Alter; alle sagten mir, wie es ihnen zu Sinne sei, was sie dachten, wie sie lebten und wirkten und welche Erfahrungen sie sich gesammelt, und ich hatte weiter nichts zu tun, als zuzugreifen und das zu ernten, was andere für mich gesäet hatten,«. Und er kam zu dem Schluß: »Im Grunde aber sind wir alle kollektive Wesen, wir mögen uns stellen, wie wir wollen. Denn wie weniges haben und sind wir, das wir im reinsten Sinne unser Eigentum nennen! Wir müssen alle empfangen und lernen, sowohl von denen, die vor uns waren, als von denen, die mit uns sind. Selbst das größte Genie würde nicht weit kommen, wenn es alles seinem eigenen Innern verdanken wollte.«